AF611147

MARIUS CHABAUD

MADAGASCAR

IMPRESSIONS de VOYAGE

PARIS

AUGUSTIN CHALLAMEL, ÉDITEUR

LIBRAIRIE COLONIALE

5, Rue Jacob, et Rue Furstenberg, 2

MADAGASCAR

TOULON, IMPRIMERIE A. ISNARD ET Cie

MARIUS CHABAUD

MADAGASCAR

IMPRESSIONS DE VOYAGE

PARIS
AUGUSTIN CHALLAMEL, ÉDITEUR
LIBRAIRIE COLONIALE
5, Rue Jacob, et Rue Furstenberg, 2

1893

A

M[R] LE MYRE DE VILERS

ANCIEN RÉSIDENT GÉNÉRAL DE FRANCE A MADAGASCAR

DÉPUTÉ DE LA COCHINCHINE

VICE-PRÉSIDENT DE LA SOCIÉTÉ DES ÉTUDES MARITIMES ET COLONIALES

A vous, dont le nom est attaché à tout ce qui s'est fait de bon et de patriotique pendant votre administration à Madagascar, je dédie ce modeste souvenir.

Si tous ceux qui ont entrepris des voyages d'études dans nos possessions lointaines avaient eu la bonne fortune, ainsi que je l'ai eue moi-même, d'être éclairés avant leur départ par vos lumières et vos conseils, d'être en quelque sorte entraînés par l'exemple de votre dévouement aux choses coloniales et d'être conquis par votre talent d'administrateur et de géographe, ils auraient été stimulés dans le cours de leurs explorations par le souvenir de tout ce que vous avez fait de grand pour nos colonies françaises.

Pour moi, le souvenir de votre œuvre a été, pendant mon voyage, le plus ferme des encouragements et le plus puissant des soutiens.

C'est donc un faible hommage de ma reconnaissance que je vous adresse ; je vous le devais et je vous prie de l'accepter.

MARIUS CHABAUD,

Président du Tribunal de Commerce de Toulon
Membre de la Société des Études coloniales et maritimes.

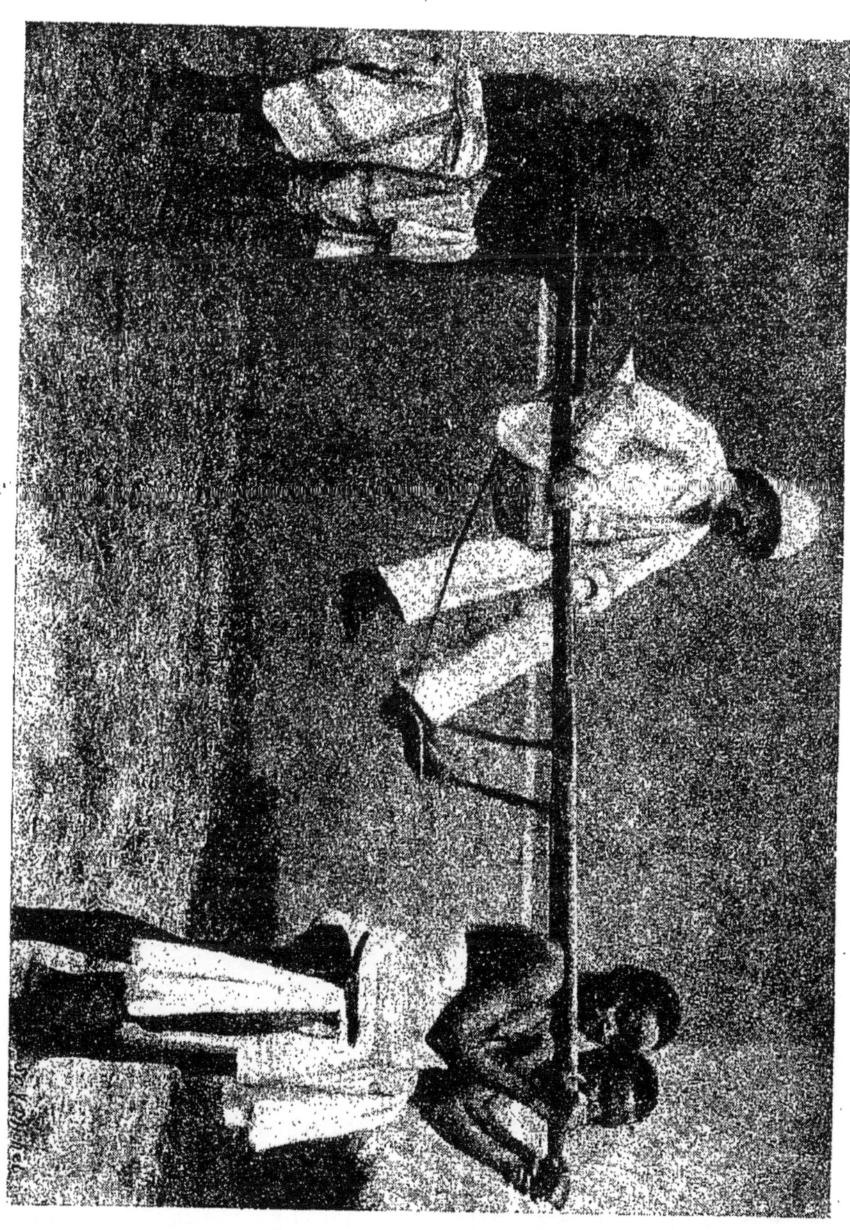

MADAGASCAR

IMPRESSIONS DE VOYAGE

I

Le mercredi 12 août, par un temps superbe, le vapeur *Ava*, des Messageries Maritimes, fait ses derniers préparatifs de départ. Je suis un de ses passagers, et, à trois heures, accompagné de mon beau-frère qui est venu me faire ses adieux, je me présente à bord, où je vais immédiatement saluer le commandant, M. Benoît, pour qui j'ai une lettre de recommandation; c'est un homme charmant auprès duquel je trouve le meilleur accueil.

De nombreux détachements de soldats sont déjà installés aux troisièmes classes; aux deuxièmes classes se trouvent quelques missionnaires anglais et allemands, ainsi que diverses personnes; aux premières classes nous sommes huit passagers seulement, y compris le général d'artillerie Bourdiaux, allant à Diego-Suarez et à la Réunion pour y passer l'inspection des troupes, accompagné de son aide de camp le capitaine Lizé.

Les immenses salons de l'arrière de ce superbe paquebot nous étant exclusivement réservés, nous aurons largement de la place pour nous mouvoir. J'ai aussi une grande cabine pour moi seul, ce qui est fort agréable et très commode.

A quatre heures vingt, on largue les amarres et nous sortons très lentement du port de Marseille. En passant devant la jetée, nous échangeons, mon beau-frère et moi, un dernier adieu et je l'aperçois qui suit longuement du regard le navire qui s'éloigne.....

Après avoir passé l'inspection des divers passagers, je suis tout surpris de ne pas trouver une figure amie ni même de connaissance. Cette constatation me laisse un peu triste. Pourquoi? Je ne sais. Il est vrai que le voyage va être dur et pénible et que la traversée de la mer Rouge, en plein été, n'est pas faite pour inspirer le goût des voyages à cette époque de l'année. Pour ma part, j'aurai, de plus, à faire le trajet de Tamatave à Tananarive, seul avec mes porteurs; comme compagnons, mon revolver et une provision de quinine; la fièvre en perspective, la plus terrible de toutes celles qui règnent dans les pays malsains. Telles sont les diverses réflexions auxquelles je me livre pendant que le paquebot longe nos belles côtes de Provence.

Tour à tour, nous défilons devant Cassis, la Ciotat, Bandol, avec son pont de chemin de fer que l'on aperçoit de fort loin, puis les « Deux Frères » en face de Toulon, les îles d'Hyères, etc. Nous laissons derrière nous le paquebot la *Corse*, de la Compagnie Générale Transatlantique, qui avait quitté le port de Marseille avant l'*Ava*.

La nuit vient; temps frais, vent debout.

Jeudi 13 août. — J'ai passé une assez mauvaise nuit. Je n'ai presque pas dormi; l'état de surexcitation dans lequel je me trouve en est la cause. J'avais eu, de plus, la naïveté de croire que je serais seul à occuper ma cabine. Quelle illusion! Plusieurs familles de cancrelas en avaient pris possession avant moi et se sont acharnés sur ma personne.

A huit heures du matin, je monte sur le pont où je trouve le commandant qui me demande de mes nouvelles; je lui déclare naturellement que j'ai passé une nuit excellente.

Le temps est toujours superbe : 23° de chaleur, mer calme.

A neuf heures, nous passons devant la ville de Bonifacio et nous nous engageons dans les bouches. C'est là, on s'en souvient, que la frégate la *Sémillante* s'est perdue corps et biens, sans qu'un seul homme ait pu échapper au naufrage.

Ce bâtiment, commandé par M. Jugan, capitaine de frégate, était parti de Toulon le 14 février 1855 au matin, avec trois cent quatre-vingt-treize passagers militaires et un matériel considérable destiné aux opérations de guerre en Crimée. Il paraît que ce personnel et ce matériel étaient impatiemment attendus, car les ordres du Ministre prescrivaient de presser le départ. Lors de l'appareillage, il ventait modérément du nord-ouest et le baromètre était à 730 m/m. Le commandant Jugan était un excellent marin, d'une expérience consommée et d'une habileté remarquable. On sait que sur les côtes de Sardaigne le nord-ouest se transforme rapidement en sud-ouest extrêmement violent : or, afin d'éviter de se laisser affaler sur la côte, il fallait passer les bouches de Bonifacio. Avec le sud-ouest les courants sont renforcés et les épaisses vapeurs masquent la terre, en sorte que les bouches ne présentent plus qu'un immense brisant.

Le maire de Bonifacio déclara plus tard que l'ouragan était si violent que l'embrun passait par dessus la falaise élevée de Bonifacio et venait se déverser dans le port. C'était une tempête comme les vieux marins du pays ne se souvenaient pas d'en avoir vu. Elle dura de cinq heures du matin à minuit avec la même violence. On ne sait encore si le naufrage de la *Sémillante* eut lieu pendant le jour ou pendant la nuit. On ne connut le naufrage que par la découverte, aux alentours de l'îlot de Lavezzi, de quelques épaves, d'un chapeau de matelot et d'équipements militaires que des marins et des pêcheurs signalèrent au syndic. L'*Averne,* capitaine Bourbeau, lieutenant de vaisseau, en rendit compte au Préfet maritime, et M. l'enseigne de vaisseau Farines, de Toulon, fut chargé de rechercher les épaves. Le 1er mars, on trouva trois corps : un matelot, un soldat et un caporal, puis, le lendemain, soixante cadavres nus et une jambe mutilée portant un bas de soie noire, provenant sans doute de l'aumônier du bord. Seul, le commandant fut reconnu d'une manière positive ; il était, du reste, en uniforme.

Les naufragés sont enterrés dans l'îlot de Lavezzi où un monument a été érigé......

Quelques barques de pêcheurs apparaissent sur les côtes de Sardaigne ; de temps à autre un vapeur passe à l'horizon, puis plus rien, si ce n'est la vie calme et monotone du bord.

Vendredi 14 août. — Temps très beau, mer calme. A huit heures et demie, par tribord, nous apercevons les îles Lipari. A une heure, nous nous engageons dans le détroit de Messine. Nous passons d'abord devant le phare et la ville de Faro qui marquent l'entrée du détroit. Nous laissons à droite la petite et curieuse ville de Scylla bâtie sur un rocher qui avance sensiblement dans la mer ; c'est en face que se trouvait le tourbillon de Charybde, si redouté des navigateurs d'autrefois, et le proverbe bien connu : « Tomber de Charybde en Scylla » me vient instinctivement à la pensée.

Du côté de l'Italie comme du côté de la Sicile, le littoral est parsemé de villes et de villages aux maisons noyées dans la verdure et curieusement bariolées, qui contrastent singulièrement avec les hautes et sombres montagnes qui les surplombent. Nous défilons devant Messine ;

en face, nous voyons la petite ville de Reggio sur la côte de la Calabre.

En passant le long de ce rivage, ma pensée se reporte tout naturellement sur Murat, roi de Naples, l'une des plus grandes figures de l'épopée impériale. C'est en effet à Pizzo, non loin de Reggio, qu'il vint débarquer en 1815, à la tête de quelques partisans, pour reconquérir son trône; qu'il fut pris, jugé et fusillé séance tenante. Je songe pendant quelques instants à l'étrange destinée de cet homme, fils d'un modeste aubergiste du Lot, devenu successivement maréchal de France, prince et roi, après avoir traversé victorieusement l'Europe au galop de son cheval et le sabre au poing, suivi de ses escadrons, ouvrant la marche à Napoléon. Combien il dut regretter, ce vaillant soldat succombant obscurément et sans gloire sous des balles calabraises, de ne pas être tombé, en plein triomphe, sur les champs de bataille de Marengo ou d'Austerlitz ou dans les héroïques charges de la Moskowa!......

Nous rencontrons de nombreuses tartanes se livrant à la pêche; les marins qui les montent agitent leurs bonnets pour nous saluer. Nous croisons aussi quelques petits vapeurs qui font la traversée du détroit. Nous doublons enfin le cap dell'Armi, nous passons devant Spartivento et ne tardons pas à perdre la terre de vue. Température : 29°.

Samedi 15 août. — Toujours fort belle mer, temps superbe. Depuis que nous sommes sortis du détroit de Messine, nous n'avons plus aperçu la terre. Nous voguons véritablement entre le ciel et l'eau. Existence aussi calme que la mer. Température : 29°.

Dimanche 16 août. — La mer vient par le travers ; elle est houleuse, aussi le navire roule-t-il énormément. A table on a été obligé de mettre les « cordes à violon ». Température : 31°.

Nous naviguons dans un véritable désert : pas le moindre navire à l'horizon. Aucun incident à signaler à bord. Quelle journée monotone !

Lundi 17 août. — Température : 32°. Temps splendide, mer calme. Le navire ne remue pas.

A midi, il nous reste cinquante milles à faire pour atteindre Port-Saïd ; nous arriverons vers quatre heures et demie. A deux heures, la mer change de couleur ; elle devient tout d'un coup terreuse et jaunâtre : c'est le courant du Nil qui arrive jusqu'à nous.

Nous apercevons dans le lointain quelques

navires, mais nous ne voyons pas encore la terre qui est fort basse à cet endroit.

Tous les préparatifs sont faits à bord pour embarquer le charbon très rapidement et repartir le soir même. Suivant nos prévisions, nous sommes arrivés à quatre heures de l'après-midi à Port-Saïd. Nous avons trois heures à peine pour visiter la ville, car nous devons repartir à sept heures et demie avec le pilote pour faire la traversée du canal de Suez.

Port-Saïd est une ville très importante surtout par sa position privilégiée à l'entrée du canal. Elle est bâtie presque entièrement à l'européenne. Les rues sont larges, bien tracées et en général bien entretenues. Elle possède un nombre relativement considérable d'hôtels, de cafés et de bazars qui constituent à eux seuls tout le commerce de la ville. La population est des plus cosmopolites ; les Grecs et les Levantins sont cependant en majorité.

A Port-Saïd, nous avons trouvé une frégate russe. La veille de notre arrivée dans ce port, le consul de France et la colonie française avaient donné en son honneur un superbe punch.

Nous quittons Port-Saïd à sept heures et

demie et nous nous engageons dans le canal de Suez où nous passons la nuit et une partie de la journée du 18, avec 38° de température. Cette journée est accablante : pas la moindre brise, pas un souffle d'air pour rafraîchir un peu l'atmosphère de plomb qui pèse sur ce pays déshérité. A droite et à gauche, le désert avec son éternel manteau de tristesse. C'est à peine si, de temps en temps, nous passons devant une gare maritime, véritable oasis perdue au milieu de ces solitudes, où l'on entretient, à grands frais d'arrosage, une végétation factice qui repose l'œil, pendant quelques instants, de la monotonie fatigante du désert.

Enfin, à quatre heures, nous arrivons à Suez, où nous ne nous arrêtons que pendant le temps strictement nécessaire pour débarquer le pilote et prendre la poste. Les indigènes profitent de cet arrêt pour envahir le navire et nous offrir des fruits, du tabac, du corail, des plumes, etc.

Deux bâtiments de guerre sont au mouillage : un anglais et un italien.

Afin d'éviter l'encombrement des bâtiments qui passent par le canal, depuis quelques années le trafic se fait aussi la nuit. Les bâtiments suspendent, à l'avant, contre l'étrave, presque au ras de l'eau, une lampe électrique qui éclaire à plus de deux cents mètres le canal et les berges sans éblouir la vue de l'officier de quart et du pilote. C'est une Compagnie qui se charge, à un prix déterminé, de fournir l'éclairage à la condition que le navire transiteur lui fournira la vapeur pour les dynamos.

En quittant Suez, nous avons à notre droite de hautes montagnes nues et calcinées par le soleil. Une brise légère est la bienvenue ; le thermomètre est descendu à 35° ; il est vrai qu'il est cinq heures du soir.

A voir ce pays déshérité, il paraît impossible qu'il ait été le berceau de la civilisation moderne et qu'il soit encore maintenant le point de mire des rivalités diplomatiques. De la splendeur passée, il ne reste que quelques traces insignifiantes que mettent chaque jour à nu, grâce à de patientes recherches, des archéologues de tous les pays ; les pyramides seules semblent attester qu'un peuple laborieux et puissant a vécu là, et les quarante siècles dont Bonaparte évoquait le souvenir à ses soldats paraissent contempler avec indifférence les passions politiques et les convoitises de toute espèce qui s'agitent dans la vallée du Nil.

Le lendemain, notre entrée dans la mer Rouge

est saluée par le thermomètre qui monte à 48° dans la journée, pour ne redescendre qu'à 39° dans la nuit. Il fait une chaleur insupportable ; nous en sommes tous fatigués. Nous passons à peu de distance des « Deux Frères ». Ce sont deux rochers absolument identiques, peu élevés au-dessus de l'eau et qui, de loin, ressemblent à des navires dont les mâts auraient été rasés. Sur l'un d'eux on a construit un phare.

Le 22, nous apercevons Périm. C'est une île basse et désolée sur laquelle on ne voit aucune trace de végétation. Les Anglais, fidèles à leur politique séculaire qui consiste à considérer le monde comme leur appartenant et à faire main basse sur tous les points du globe qu'ils ont intérêt à occuper, y ont établi des fortifications importantes.

Au delà de Périm, sur la côte d'Arabie, se profile une montagne assez haute au pied de laquelle des Français avaient tenté de s'établir. Ce point, aujourd'hui abandonné, est connu sous le nom de Cheik-Saïd.

A mon avis, il serait urgent que la France fit acte de prise de possession dans ces parages et y installât un établissement capable, à l'occasion, de tenir les Anglais en échec.

Nous arrivons dans l'après-midi à Obock. Température étouffante qui m'empêche de descendre à terre. Je connais, d'ailleurs, parfaitement le pays. Je suis heureux d'apprendre que le siège de nos établissements dans la région doit être transporté au port de Djibouti, dont j'avais signalé l'importance dans un article que j'ai publié, à mon retour du Tonkin, dans l'*Evénement* du 15 avril 1890. Il est donc du plus haut intérêt que la France fasse installer au plus tôt, à Djibouti, un hôpital et un dépôt de charbon où tous les navires de la marine nationale viendraient s'approvisionner. Il serait même avantageux qu'un accord intervienne entre le Gouvernement et la Compagnie des Messageries Maritimes pour que cette dernière transporte en terre française le matériel important et le parc à charbon qu'elle possède à Aden. Cette mesure aurait, en outre, pour résultat de développer les relations commerciales de la région. Djibouti, en effet, est considéré comme la meilleure tête de ligne des caravanes du Harrar.

Nous quittons la rade d'Obock au coucher du soleil et, le 23, au matin, nous sommes à Aden.

On se souvient que c'est en faisant la même traversée que l'aviso français le *Renard* disparut dans un cyclone, le 3 juin 1885, sans qu'aucun des témoins du désastre ait survécu pour faire connaître les détails de cette horrible catastrophe, dans laquelle périrent cent deux hommes d'équipage dont sept officiers, y compris le commandant et cinq passagers civils. Malgré les menaces du temps et les variations brusques du baromètre, le capitaine de frégate Peyrouton Laffon de Ladébat, qui commandait ce navire alors en rade d'Obock, crut devoir se mettre en route pour se rendre à Aden prendre la correspondance de France et remettre le courrier. Quelques instants avant l'appareillage, la baleinière du commandant, qui avait été envoyée en service à terre, avait chaviré par suite de l'état de la mer soulevée par un raz de marée. Cet événement devait être, pour des personnes superstitieuses, d'un mauvais augure. Pendant un certain temps, on put suivre avec une lunette, du palais du Gouvernement, le navire qui s'éloignait avec un tangage tellement désordonné, que son hélice sortait à tout coup hors de l'eau. Il disparut à l'horizon pour ne plus revenir.

Les marins attribuent la perte de cet aviso à sa conformation particulière et à la disproportion de son artillerie qui nuisaient à sa stabilité. Il avait été construit au Havre, sur des plans spéciaux fournis par M. le capitaine de frégate

Béléguic et adoptés, malgré l'opposition des ingénieurs de la marine, sur un ordre formel de l'Empereur qui s'était laissé séduire par les théories novatrices de son inventeur. D'après les journaux de bord de plusieurs navires qui essuyèrent ce cyclone, phénomène très rare dans ces parages, le baromètre n'était descendu qu'à 740 m/m pendant la tempête. On ne connaît pas exactement le moment ni le point précis où ce bâtiment s'est perdu......

La rade d'Aden est magnifique. On y accède par une passe assez étroite. La ville anglaise Steamer-Point, en face de laquelle nous mouillons, est située au pied de hautes montagnes hérissées de travaux de défense. Nous descendons à terre et prenons une voiture pour nous rendre à la ville arabe d'Aden qui est située à une distance de six kilomètres environ. Les routes sont bien entretenues et les voitures, traînées par de petits chevaux très vifs, sont assez confortables. La chaleur est accablante, le pays désolé. Nous arrivons enfin et visitons les citernes. C'est un travail gigantesque pour lequel on s'est servi d'un profond ravin divisé par des barrages, de sorte que l'on peut y recueillir d'énormes quantités d'eau.

Nous retournons à Steamer-Point. Cette ville, bâtie sur un rocher naguère inhabité, augmente d'importance toutes les années. C'est le rendez-vous à peu près forcé de tous les navires qui viennent d'Europe ou y retournent ; c'est là, aussi, qu'aboutit le va et vient des caravanes qui pénètrent dans l'intérieur de l'Arabie. C'est, en un mot, le point de jonction de toutes les routes commerciales par terre et par eau. L'approvisionnement de charbon qui y est déposé est énorme; plusieurs escadres pourraient s'y ravitailler en même temps. La police y est très bien faite. Décidément, les Anglais sont nos maîtres en l'art de la colonisation. Pourquoi nos gouvernants ne veulent-ils pas les prendre pour modèles ?

Nous quittons Aden pour doubler, le surlendemain, le cap Guardafui et entrer dans l'Océan Indien, où nous sommes reçus par une forte mousson de sud-ouest qui nous oblige à fermer sabords, hublots, etc. Les lames passent de temps à autre sur le pont comme pour le balayer. La température est délicieuse : 25° à 27° ; c'est pour nous la fraîcheur après les chaleurs accablantes de la mer Rouge. Le navire roule et n'avance qu'avec peine. Presque tous les passagers sont indisposés; néanmoins, tout le monde est content, car on est heureux d'être débarrassé de la chaleur suffocante des jours précédents.

Le jeudi, 27 août, la mer devient calme ; on ouvre les sabords du côté du vent et l'on aère ainsi l'intérieur du navire. Nous avons fait aujourd'hui deux cent dix-huit milles, ce qui est un progrès sur les jours passés. Nous espérons arriver à Zanzibar le dimanche.

Le médecin du bord est un ennemi acharné de Jules Ferry et de sa politique coloniale ; aussi se plaît-on, après le café, à amener la conversation sur ce sujet qui le met hors de lui. Un jour, comme je m'avisais de prendre la défense de l'homme qui a sacrifié sa popularité et le plus brillant avenir politique à la cause coloniale qu'il a toujours défendue avec la conviction et le talent d'un homme d'État, le docteur exaspéré se leva comme mu par un ressort et, me désignant du doigt, s'écria avec colère : « Vous aussi, vous faites partie de ces misérables? Eh bien ! soyez malade, avisez-vous d'avoir besoin de mon ministère et je me charge de vous ! » En même temps, il faisait le signe de me faire passer de vie à trépas. Cette violente sortie eut pour effet de nous mettre tous dans une gaieté folle et, tous les jours, mes compagnons de route venaient s'assurer si le terrible docteur n'avait pas mis sa menace à exécution.

Le vendredi et le samedi, la mer est toujours grosse. Le navire continue à rouler ; on est obligé de tenir les sabords fermés. Heureusement la température est très douce : 25°. Samedi, à midi, on donne le point : il nous reste trois cent quinze milles à faire pour atteindre Zanzibar. Tout le monde est radieux à la pensée que le lendemain dimanche, dans l'après-midi, nous pourrons aller visiter cette ville et fouler pendant quelques heures ce que les marins appellent d'un nom pittoresquement expressif « le plancher des vaches. »

Dimanche, 30 août. — Le matin, de bonne heure, nous apercevons l'île de Pimba qui est d'un aspect très verdoyant. Les côtes de Zanzibar, comme celles d'Égypte, sont basses. Le point le plus élevé n'a pas plus de cent mètres au-dessus du niveau de la mer ; aussi, faut-il être bien près de terre pour apercevoir la ville africaine, la plus importante de la région. A midi, nous sommes au mouillage, où nous trouvons trois navires de guerre anglais.

Les environs de la ville de Zanzibar sont couverts d'une végétation luxuriante. Depuis mon départ, c'est le premier port de relâche où je trouve une aussi riche manifestation de la flore tropicale. Une seule construction attire l'attention du voyageur, soit que l'on aperçoive la ville du large, soit que l'on mette pied à terre : c'est le palais du sultan qui, construit dans une ville de France, aurait toutes les apparences extérieures d'un casino ou d'un café-concert quelconque. Il communique avec le harem, qui est en face, au moyen de passerelles fermées qui ne manquent pas d'une certaine originalité. Il est séparé du bord de la mer par une petite place d'une centaine de mètres de côté : c'est le lieu de débarquement. Il est protégé par quelques canons qui ne servent qu'aux saluts.

C'est aussi devant ce palais que la musique du sultan se fait entendre. Le soir, un peu avant six heures, j'y vois arriver deux pelotons de soldats composés d'une trentaine d'hommes, escortés de nombreux officiers. Après un défilé fort peu militaire — on aurait pu se croire en présence de figurants de théâtre —, les hommes se placent devant le palais. Les vêtements des officiers et des soldats n'avaient jamais eu à subir le contact de la moindre brossè, car ils étaient couverts de poussière et de taches; quant aux souliers, ils n'avaient jamais été noircis par le cirage. Ajoutez que ces guerriers ont des cheveux longs et incultes, des figures et des mains qui avaient pu voir l'eau, mais ne l'avaient pas touchée, sans doute par respect, depuis nombre d'années, et vous aurez une faible idée de l'air imposant de cette troupe composée d'hommes de toutes tailles. Puis, les musiciens arrivent, quelques-uns portant de gigantesques instruments de cuivre. Tous sont coiffés de képis semblables à ceux des soldats américains, mais la plupart trop petits pour leur tête. Aussi, certains de ces artistes ont-ils l'air de ces singes habillés que les saltimbanques produisent dans les foires. Enfin, six heures sonnent : le canon tonne, le drapeau du sultan est amené ; les soldats qui font face au palais présentent les armes ; les officiers, l'épée haute, saluent et les musiciens font entendre un vacarme étrange, aussi peu musical que dénué d'harmonie, capable de mettre en révolte les oreilles les moins délicates. Cela dure quelques minutes seulement, puis soldats et musiciens s'en vont, pour revenir tous les soirs, à la même heure, rendre les honneurs au drapeau.

Quoique l'esclavage soit aboli et la vente des esclaves interdite, tout le monde, à l'exception des Européens, possède des esclaves, et il existe toujours un bazar clandestin où se fait régulièrement le trafic de la chair humaine. Les autorités seules semblent l'ignorer.

Il est vrai que Zanzibar est actuellement soumis à l'influence des Anglais et que nos « bons amis » ne s'occupent de la répression de l'esclavage que lorsqu'ils y trouvent leur intérêt et lorsqu'elle leur permet de s'immiscer dans des affaires qui peuvent leur apporter profit à défaut d'honneur.

Comme le service de la voirie est inconnu, les rues de la ville sont remarquables par leur malpropreté. Les maisons sont bâties en terre et couvertes de toitures en paille. Le palais du sultan, éclairé par la lumière électrique, brille au milieu de la nuit et s'aperçoit de très loin.

Le lendemain matin, un peu avant huit heures, je retourne sur la place, après être allé visiter les environs, où j'ai remarqué de superbes mandariniers qui produisent des fruits magnifiques, aussi gros que les belles oranges de Valence, avec une peau fine, mais dont la chair est moins savoureuse et moins parfumée que celle des mandarines d'Espagne et d'Algérie.

A huit heures, de nombreux groupes d'indigènes étaient réunis au pied du palais et je vois apparaître au balcon le sultan, ayant à ses côtés son premier ministre. Le sultan est un homme de taille au-dessus de la moyenne ; coiffé d'un petit bonnet blanc et portant toute la barbe, vêtu d'une chemise de soie blanche lui retombant jusqu'aux pieds et, par dessus, un paletot de soie ayant à peu près la forme d'une robe de chambre. Il paraît ne pas avoir plus de trente-cinq ans ; c'est un bel Arabe, peu bronzé. Il s'accoude sur les rebords du balcon pour mieux écouter les plaintes et doléances de ses sujets, car, d'après mon cicerone, c'est là qu'il vient, tous les matins et à la même heure, rendre paternellement la justice. Sur un signe de lui, un malheureux nègre n'ayant pour tout vêtement qu'une bande d'étoffe en loques autour des reins, après s'être mis respectueusement à genoux, les mains tendues vers lui dans l'attitude de la supplication, expose son cas ; mais le pauvre diable est brutalement interrompu par les soldats qui l'entraînent en prison. Un deuxième se présente : plus heureux que le premier, il en est quitte avec quelques coups de pied qui le font fuir ; un autre obtient une vingtaine de coups de bâton. Puis l'audience est levée, et le sultan rentre dans son palais avec la conscience tranquille et la satisfaction du devoir accompli ; peut-être pense-t-il, comme le Titus des temps anciens, qu'il n'a pas perdu sa journée. La foule s'écoule silencieusement et respectueusement.

Le sultan venait, paraît-il, d'administrer la justice à ses sujets. Quant à moi, simple spectateur, je n'avais vu distribuer que des coups de pied et des coups de bâton, justice distributive s'il en fût.

Le commerce est entre les mains des Anglais et des Allemands. L'Angleterre et l'Allemagne ont à Zanzibar de nombreux nationaux qui disposent de capitaux importants. Quant à la France, elle n'est représentée que par une seule et unique maison établie dans le pays depuis de nombreuses années : c'est la maison Greffulhe et Cie.

Il n'existe aucune industrie méritant ce titre et digne d'être signalée. On y fabrique quelques colliers, bracelets de pieds, anneaux en argent et de fantaisie, quelques armes, et c'est tout. C'est à Zanzibar que toutes les marchandises, venant de la côte orientale d'Afrique, sont apportées pour être expédiées en Europe. L'ivoire, notamment, y est centralisé, ce qui m'a permis d'admirer de nombreuses et fort belles défenses d'éléphants.

Par la convention du 5 août 1890, la France a reconnu le protectorat de l'Angleterre sur l'île de Zanzibar, protectorat qui sera certainement suivi d'une prise de possession effective. Comme toujours, les Anglais n'ont pas hésité à s'implanter dans cette île qu'il leur sera facile de conserver, sans dépense exagérée, et où ils pourront jouer leur rôle de commissionnaires européens dont ils savent si bien tirer parti.

Zanzibar est reliée à l'Europe par deux câbles sous-marins : l'un touchant à Aden et l'autre au cap de Bonne-Espérance. Ces câbles appartiennent à la Compagnie anglaise *Eastern Telegraph C° limited*.

A onze heures, je retourne à bord et nous repartons immédiatement pour Mayotte, où nous arrivons le lendemain 2 septembre, à sept heures du matin, après une traversée très agréable. Sur rade se trouvait le *Boursaint* commandé par mon compatriote et ami le capitaine de frégate Ravel, qui vient à bord et que nous gardons à déjeuner.

Mayotte fait partie de ces nombreuses colonies qui, par leur commerce et leur industrie, n'enrichiront jamais la métropole. Il est vrai qu'elle sert de prétexte à l'entretien d'une Administration coûteuse, à la tête de laquelle se trouve un gouverneur civil aux appointements de trente mille francs par an, chargé de veiller sur les rares colons qui habitent l'île. Espérons que le Gouvernement, mieux inspiré, finira par mettre l'île de Mayotte sous les ordres du gouverneur de Diego-Suarez.

Mayotte possède cependant quelques industries sucrières peu importantes qui pourront prendre un certain développement dans un avenir plus ou moins éloigné. On y fabrique aussi des rhums assez estimés dans la région et qui sont vendus à très bas prix.

Après avoir passé la journée à visiter l'île, nous repartons le soir à cinq heures pour Nossi-Bé, où nous arrivons le lendemain à huit heures du matin.

Tandis qu'une grande partie de Mayotte se compose de rochers et de terrains arides, Nossi-Bé est entièrement couvert d'arbres et la végétation y est fort riche. Malheureusement, sa population est extrêmement paresseuse et laisse incultes de vastes terrains qui, mis en exploitation, seraient une source de revenus importants pour le pays. Les manguiers, remarquables par leur nombre et leur beauté, produisent des fruits très savoureux et très abondants qui servent de nourriture exclusive aux indigènes pendant trois mois de l'année. Aussi, est-il fort difficile, à ce moment, d'obtenir d'eux une journée de travail par semaine. Ils préfèrent manger des mangues et se livrer ensuite aux douceurs du *farniente* le plus absolu que de faire œuvre de leurs dix doigts pour améliorer leur sort. Quant aux Européens établis dans l'île, ils ont malheureusement à lutter contre la fièvre.

Nossi-Bé possède un bon mouillage et de belles forêts. En débarquant, on est frappé d'une certaine tristesse en contemplant les vestiges d'une splendeur passée. De grandes et confortables constructions, aujourd'hui en mauvais état, nous rappellent que Nossi-Bé fut, vers 1845, le chef-lieu de nos établissements dans ces parages.

Après avoir été ballottés toute la nuit par une mer démontée, nous arrivons, le lendemain 4 septembre, à dix heures du matin, au mouillage de Diego-Suarez.

II

Ma visite à Diego-Suarez m'a vivement intéressé et m'a laissé les meilleurs souvenirs. J'y ai été parfaitement accueilli par M. le gouverneur Froger ainsi que par mon ami, M. le lieutenant de vaisseau Pourquier, commandant la *Dordogne*, auquel je dois des remerciements particuliers pour l'aimable hospitalité qu'il m'a offerte à bord de son navire et pour les notes tout à fait précieuses qu'il m'a communiquées sur la politique coloniale qu'il connaît à fond pour avoir appartenu longtemps à l'administration des Affaires indigènes en Cochinchine.

On sait que le territoire de Diego-Suarez, cédé à la France en 1885 par la reine de Madagascar, occupe l'extrémité septentrionale de la grande île africaine. C'est un plateau triangulaire, large de vingt-cinq kilomètres et long de cinquante, qui s'enfonce dans l'Océan comme un éperon et se termine par le cap d'Ambre.

C'est là qu'en 1885 l'amiral Miot chargea M. le lieutenant de vaisseau Muller, faisant partie de la station locale et commandant la canonnière la *Redoute*, de découvrir une baie sur la côte nord-ouest, laquelle communique avec le port de la Nièvre par un sentier qu'il s'agissait aussi de découvrir. Cette baie fut désignée sous le nom géographique de « baie du Courrier », l'amiral ayant l'intention d'y faire passer le courrier afin d'éviter aux navires de la station le passage toujours délicat du cap d'Ambre.

Dans cet étroit promontoire, la mer a creusé, de l'est à l'ouest, un immense bassin, parfaitement abrité, qui forme la baie de Diego-Suarez. En sens inverse, de l'ouest à l'est, elle a dessiné quatre autres baies qui semblent vouloir venir à la rencontre de la première : les baies du Chancelier, de Liverpool, d'Ambaratra et du Courrier. C'est cette langue de terre, déchiquetée dans tous les sens, qui constitue notre nouvelle possession.

La baie de Diego-Suarez en fait toute l'importance. C'est un port naturel admirable, l'un des plus vastes et des plus sûrs qui soient au monde. Elle se compose d'une rade centrale, profonde d'une douzaine de kilomètres et large de la moitié, sur laquelle s'ouvrent quatre anses intérieures disposées à peu près symétriquement, deux au nord et deux au sud. Celles du nord s'appellent la baie du Tonnerre et la baie des Cailloux blancs ; celles du sud, la baie des Français et la baie de la Nièvre. Cette dernière, formée de deux branches en forme de V, n'a pas moins de quinze kilomètres de longueur.

La baie de Diego s'ouvre directement sur la haute mer par une passe de trois kilomètres de largeur, qu'un îlot, l'îlot de la Lune, divise en deux parties. L'entrée est accessible aux navires de la plus grande dimension. A l'intérieur du bassin, les eaux sont profondes et tranquilles. Presque partout, on trouve des fonds de quinze, vingt-cinq et cinquante mètres, qui permettent aux bâtiments du plus fort tonnage de mouiller tout près de la rive. On a souvent comparé cette magnifique baie au fameux Port-Jackson de l'Australie.

Telle est la position maritime dont nous sommes maîtres depuis six ans. Le territoire qui l'environne et qui nous a été cédé avec elle, n'a pas encore été officiellement délimité ; la frontière qui sépare nos établissements du pays malgache n'est qu'une frontière de fait. Elle suit les contreforts est et ouest du pic Ansatrokala, situé à vingt-cinq kilomètres environ au sud de la baie, un peu au nord de la montagne d'Ambre. Mais vers l'est, au moment où elle se rapproche de la mer, elle fait un coude pour éviter le poste d'Ambohimarine que les Hovas ont conservé, et se rabat sur le Ranotsara, petite rivière qui verse ses eaux dans l'Océan Indien. Toutefois, cette frontière, revendiquée par la France et occupée effectivement par elle, n'est point reconnue par les Hovas, qui continuent à réclamer les limites indiquées dans la lettre Miot-Patrimonio, soit une ligne passant à environ un mille et demi seulement au sud de la baie. Il faut dire, néanmoins, qu'ils n'ont fait, depuis deux ans, aucune démonstration en vue de nous refouler vers le nord.

Quand nous nous sommes établis à Diego-Suarez, en 1885, nous n'y avons trouvé qu'une soixantaine de Sakalaves, porteurs et pêcheurs. A quelque distance de là, Ambohimarine, ancien fort sakalave occupé par les Hovas, abritait trois à quatre cents personnes formant la famille des soldats qui le défendaient. Mais une population assez nombreuse n'a pas tardé à venir se grouper autour de nos établissements, attirée par la sécurité qu'on y trouve et par le petit mouvement commercial qui résulte de la présence d'une garnison d'un millier d'hommes. Cette population offre un curieux mélange : Européens, Créoles, Anjouanais, Indiens de Bombay, Malabars, Sakalaves, Grecs venus de Port-Saïd, toutes les races s'y confondent. Les esclaves évadés forment une fraction importante de l'élément indigène. La plupart d'entre eux sont cultivateurs : on leur a partagé les rizières des environs.

On peut estimer à dix mille le nombre des individus actuellement établis sur notre territoire. Dans ce chiffre figurent cinq cents Européens, mille hommes de garnison et douze à quinze cents créoles de la Réunion ou de Maurice. Le reste appartient aux différentes races malgaches, africaines et indiennes. Mais pour se rendre compte de l'importance réelle de Diego-Suarez, il faut ajouter à cette population celle du territoire d'Ambohimarine, que les Hovas se sont efforcés d'accroître dans la pensée de nous tenir en échec ; elle s'élève aujourd'hui à cinq mille âmes environ, dont cinq cents Hovas et Bourzanes. Le surplus se compose d'esclaves ou de Sakalaves soumis à la Reine. En outre, vers l'ouest, au delà de la rivière d'Irono, les Antankares forment un groupe d'une dizaine de milliers d'individus, qui ne peuvent se pourvoir qu'à

Antsirane de tissus, de liqueurs, de quincaillerie, etc. Enfin, les habitants des riches plaines de Vohémar commencent à envoyer leurs produits vers nos établissements et à venir y acheter des marchandises d'importation dont ils ont besoin, car le paquebot ayant cessé de toucher à Vohémar, ce port ne se trouve plus en communication avec Maurice que pendant les mois où cesse la mousson du sud-est.

Ces diverses considérations expliquent que Diego-Suarez importe déjà pour près de quatorze millions de denrées et en exporte pour cinq cent mille francs environ. Et ce commerce doit évidemment se développer à mesure que les communications avec l'intérieur deviendront plus faciles.

Le chef-lieu de nos établissements est la petite ville d'Antsirane, sur le bord oriental de la baie de la Nièvre. La population de cette localité, y compris la garnison, s'élève à quatre mille âmes. On y a recensé récemment trois cent quatre-vingt-dix maisons et quatre cent cinquante-deux cases malgaches. La position d'Antsirane est heureusement choisie : elle est centrale, et on peut rayonner de là dans tout le bassin de Diego. L'éminence sur laquelle est bâtie la ville est malheureusement dépourvue d'eau. On projette d'y amener, au moyen de certains travaux, une dérivation de la rivière Alamandriana, qui fournirait aux habitants deux mille mètres cubes d'eau par jour. Il est indispensable que ce projet soit promptement mis à exécution.

Presque en face d'Antsirane, sur l'autre rive de la baie de la Nièvre, se trouve le village du cap Diego. Ce cap est une presqu'île irrégulière, assez escarpée, comprise entre les deux branches de la baie de la Nièvre et la rade centrale. On y a construit des établissements militaires et des magasins. On y compte trente-six maisons et cinquante-sept cases.

Au sud de la même baie, se rencontrent deux points importants. Le premier, à peu de distance de la côte, est le village d'Anamakia, situé au milieu d'une plaine de six cent cinquante hectares, toute entière en culture; il forme une agglomération de douze maisons et de six cents cases. Le second point est la hauteur de Mahatsinsarivo, qui commande le chemin d'Antsirane au poste hova d'Ambohimarine. Nous l'avons occupée en 1886 par mesure de sécurité, et le commandant Caillet y a fait construire un petit fort.

Quelques villages, établis sur d'autres points du territoire français, complètent notre prise de possession. Les plus importants sont ceux d'Orangea, d'Ankoriky, de Betaitra et d'Andamgobato, où la « Graineterie française » fait construire de vastes établissements pour la fabrication des conserves de viande.

On se préoccupe dans la colonie de créer sur la montagne d'Ambre, à trente-cinq kilomètres au sud d'Antsirane, un sanatorium qui serait extrêmement utile pour les Européens et les créoles. A l'emplacement choisi — mille cent trente-six mètres au-dessus du niveau de la mer —, la température ne dépasse pas + 10° et la fièvre paludéenne y est inconnue.

Diego-Suarez est en relations directes avec la métropole, par le paquebot mensuel qui dessert Maurice, la Réunion, Tamatave, Sainte-Marie, Nossi-Bé et Mayotte. Le mouvement du port est assez actif : il comporte une centaine de navires à l'entrée et autant à la sortie. C'est beaucoup, si l'on songe que le trafic commence à peine à naître.

Ce qui manque le plus à la colonie, ce sont des voies de communications intérieures. Jusqu'ici on n'a construit que deux ou trois tronçons de route, allant d'Antsirane à la rivière des Caïmans et à Mahatsinarivo, et de Diego à la baie du Courrier. Encore ces routes ne sont-elles qu'à l'état d'ébauche. L'Administration a fait établir, en outre, quelques kilomètres de voie Decauville. Mais tout cela est bien insuffisant.

Il importe de faire, sans tarder, un sérieux effort pour créer un petit réseau de chemins, reliant entre eux les principaux centres du territoire français et permettant surtout d'accéder dans l'intérieur de l'île, au moins dans un certain rayon. C'est le seul moyen d'attirer vers la baie un mouvement commercial qui ne demande qu'à se développer.

Il est vrai que la configuration de la rade, découpée et creusée dans tous les sens, rend les communications assez faciles d'un point à l'autre du territoire. Huit canots à vapeur, de dix mètres environ, dont quatre appartiennent à la colonie et quatre à des particuliers, sont en service dans la baie. Mais ils ne peuvent être employés naturellement qu'aux transports par eau, et c'est surtout de voies terrestres qu'on a besoin.

La côte est relativement saine. Elevée de quarante mètres au-dessus du niveau de la mer, elle offre des avantages tels qu'on est étonné du peu de parti qu'on en a tiré jusqu'à présent. On n'y a encore construit aucun phare pour la signaler ou éclairer l'entrée de la rade. Aussi, les navires ne peuvent-ils franchir les passes que pendant le jour : à partir du coucher du soleil, l'accès de la baie leur est interdit.

Il en résulte de graves embarras pour la navigation. Les bâtiments à vapeur, qui se présentent devant l'entrée à une heure trop tardive, sont obligés de se maintenir sous pression durant toute la nuit, en attendant que le soleil reparaisse. C'est pour eux une perte considérable de temps et d'argent, sans compter les périls auxquels les expose le voisinage de la côte. Quant aux bâtiments à voile, ils sont encore plus mal partagés. S'ils arrivent à hauteur de la passe après la chute du jour, ils doivent courir des bordées jusqu'au lendemain ; mais pour peu que les vents et les courants soient contraires, ils risquent d'être entraînés au large et de ne plus pouvoir regagner l'entrée. Aussi, les voiliers refusent-ils souvent d'accepter du frêt à destination de Diego, tant ils sont peu sûrs d'y aborder.

Il serait facile de remédier à ces inconvénients. Une quarantaine de mille francs suffiraient pour établir un phare sur la passe, ce qui permettrait aux navires d'y pénétrer à toute heure de la nuit. On doit souhaiter que le Gouvernement s'occupe sans retard de réaliser cette amélioration.

Une autre amélioration est également indispensable. A certaines époques de l'année, les vents et les courants qui viennent de l'est opposent aux voiliers qui veulent sortir de la baie un obstacle presque infranchissable. A plusieurs reprises, des navires se sont vus, pour cette cause, bloqués dans la rade durant des semaines. On comprend qu'une telle éventualité n'est pas faite pour encourager les armateurs à diriger leurs bâtiments sur Diego. Il faudrait donc organiser un service de remorquage ; cela serait facile et ne coûterait pas beaucoup.

La baie de Diego est une position militaire admirable. Placée à l'extrémité de la grande terre, commandant l'une et l'autre côtes de Madagascar, à portée des Comores et des Mascareignes, de Mozambique et de Zanzibar, elle semble avoir été créée par la nature pour devenir la citadelle maritime de l'Océan Indien. Une escadre qui y aurait son point d'appui serait en état de tout entreprendre dans ces parages.

La rade est facile à mettre en état de défense

sans grands frais. Un fort sur l'îlot de la Lune et quelques batteries sur les deux rives suffiraient à en fermer l'accès aux plus puissantes flottes. Derrière cet abri, nos vaisseaux, masqués par les hauteurs de la côte, n'ayant rien à craindre du canon de l'ennemi, pourraient en toute sécurité se réparer, se ravitailler et préparer leurs opérations.

La garnison n'aurait guère à redouter que des débarquements. Mais la nature montagneuse du pays rendrait toute tentative de ce genre fort difficile, pour ne pas dire impossible. Les troupes concentrées à Antsirane et averties des moindres mouvements de l'assaillant par les sémaphores de la montagne, pourraient se transporter en quelques heures dans les gorges qui dominent tous les points d'atterrissement à l'est et à l'ouest. De là, elles seraient en mesure de repousser les plus vigoureuses attaques.

Il y a un intérêt pressant pour notre pays à utiliser cette incomparable position. Il faut y élever des fortifications et des magasins convenables. Il faut surtout y créer des installations maritimes, bassins de radoub, ateliers de réparation, appareils de chargement, phares et fanaux, qui permettront à nos flottes d'y trouver les mêmes ressources que dans un arsenal. Cela fait, la France possèdera dans ces mers l'équivalent de Aden et Hong-Kong.

Le 5 septembre, à dix heures du matin, nous quittons Diego-Suarez. Pendant toute l'après-midi, nous longeons les côtes de Madagascar qui paraissent arides. Le navire roule d'une façon épouvantable ; il est impossible de faire tranquillement la sieste ou de se promener sur le pont. A table, il faut réellement exécuter des prodiges d'équilibre et d'adresse pour faire honneur au repas. Quelques-uns de nos compagnons, incommodés par les mouvements désordonnés du navire, vont se réfugier modestement dans leur couchette. Je préfère me mettre à table.

Le lendemain, la mer est toujours très agitée, aussi n'avons-nous parcouru, pendant les dernières vingt-quatre heures, que deux cent trente-cinq milles. Malgré le mauvais temps, nous atteignons Sainte-Marie vers quatre heures du soir.

Cette île, un des premiers points que nous ayons occupés à Madagascar, est une position très importante. De beaux travaux y ont été effectués à diverses reprises soit à terre, soit à la rade ; mais tout est aujourd'hui abandonné. C'est regrettable. Ce petit pays est excessivement fertile et tapissé de verdure. On y voit de belles plantations, notamment des girofliers superbes, mais dont on ne tire aucun parti, par suite de la difficulté de se procurer la main-d'œuvre.

Les habitants, d'un caractère très doux, fournissent d'excellents marins qui rendent de grands services à notre Marine nationale et sur les bâtiments des Messageries Maritimes. Il est malheureusement regrettable que le courant d'émigration, dû, paraît-il, aux impôts exagérés dont ils sont frappés, entraîne continuellement les indigènes à la grande terre. Il serait urgent que le Gouvernement fasse son possible pour retenir chez elle une population qui, je le répète, rend de très grands services à notre Marine, et qui pourrait en rendre de non moins importants à l'exploitation des richesses agricoles du pays. Quant aux Européens, ils n'y vivent que difficilement. Sainte-Marie est, en effet, excessivement malsain, et cette insalubrité est peut-être la cause de l'abandon actuel de cette petite colonie. La France est représentée à Sainte-Marie par un Administrateur colonial, assisté d'un médecin de la marine et d'un aumônier. Ces trois fonctionnaires constituent, avec une dizaine de colons, la totalité de la population blanche.

A dix heures du soir, par une mer toujours démontée, nous quittons Sainte-Marie. Nous arrivons à Tamatave le lendemain, à neuf heures du matin, après avoir été secoués toute la nuit.

Je débarque de l'*Ava* après avoir pris congé de mes excellents compagnons de route et de l'aimable commandant M. Benoît, et non sans remercier bien sincèrement le féroce docteur de n'avoir pas mis ses terribles ménaces à exécution.

Le service de débarquement des passagers se fait avec de vieilles barques en mauvais état. D'énormes lames de fond soulèvent à chaque instant mon embarcation qui a, en outre, à lutter contre un fort courant qui va se briser sur des récifs de coraux. Enfin, après des efforts inouïs, nous parvenons à arriver assez près de terre, mais le manque de fond m'oblige à gagner le rivage, juché sur les épaules d'un robuste Malgache.

A peine arrivé, je dus me mettre en quête de trouver un gîte. Une affreuse auberge, portant pompeusement le nom d'*Hôtel d'Europe* m'offre une hospitalité qui n'a rien de somptueux, car ce pseudo-hôtel ne possède que trois ou quatre chambres occupées déjà par d'autres voyageurs plus prévoyants que moi. En même temps que l'*Ava*, en effet, un paquebot de la *Castle Line* venait d'arriver, amenant quelques voyageurs, parmi lesquels un général anglais se rendant à Tananarive. Viendrait-il ici en villégiature et dans le seul but de changer d'air ? J'en doute. Quoique les soirées soient très douces, la perspective de passer ma première nuit à la belle étoile ne me souriait que très médiocrement. Heureusement, le propriétaire de l'hôtel est assez aimable pour me chercher un logement. Grâce à lui, je trouve une case malgache, un peu écartée de la ville, derrière le consulat anglais. Je me hâte d'y faire transporter mes bagages. Mon nouveau logement ne possédait pour tout mobilier que quelques nattes; mais, si les meubles étaient absents, la propreté y était également inconnue, et depuis fort longtemps.

Cette case, assez vaste pour loger une quinzaine de personnes, avait sa toiture séparée du corps principal par un intervalle vide de vingt-cinq centimètres environ et était ouverte non seulement à tous les vents, mais encore à un tas d'animaux de la création qui ne semblent avoir d'autre utilité, sur cette terre privilégiée, que de venir troubler le sommeil des malheureux voyageurs.

Après m'être installé de mon mieux et avoir réparé les désordres de ma toilette, je me rends à la Résidence de France située dans l'avenue n° 1, qui est la principale artère de la ville. Les rues ne portent pas de noms comme en France; elles sont tout simplement numérotées comme en Amérique. Ce n'est pas à dire que Tamatave puisse, en aucune façon, être comparée à New-York ou Chicago. Loin de là.

J'ai l'honneur de me présenter chez M. Lacoste, résident, et de lui remettre une lettre de recommandation de M. Ribot, ministre des Affaires étrangères, qui me sert de lettre d'introduction auprès des autorités françaises. M. Lacoste est un consul de carrière qui connaît parfaitement le pays. Il me fait un accueil des plus aimables et se met très gracieusement à ma disposition pour faciliter l'organisation du convoi qui doit me conduire à la capitale.

Comme en même temps que moi avait débarqué de l'*Ava* le sergent Salomon, de l'infanterie de marine, se rendant à Tananarive pour faire partie de l'escorte du résident général, je demande et j'obtiens de M. Lacoste qu'un seul convoi soit organisé pour le sergent et pour moi afin de me permettre de ne pas faire le voyage seul.

En sortant de la Résidence, pour employer ma soirée, je vais me promener à travers la ville. La marche est très fatigante à cause de la nature mouvante et sablonneuse du sol dans lequel le pied s'enfonce jusqu'à la cheville à chaque pas. J'ai rencontré plusieurs constructions entourées de jardins coquets et d'un dessin irréprochable. Ces jardins sont émaillés de superbes roses et de fleurs éclatantes, tandis que les murs des habitations sont tapissés de plantes grimpantes, parmi lesquelles la liane *Aurore* attire le regard par ses fleurs qui semblent empourprées par les feux les plus étincelants du soleil levant. En arrivant sur la plage, j'aperçois un bâtiment à destination de Maurice, mouillé en rade, et dont l'équipage procédait à l'embarquement d'un troupeau de bœufs fort beaux.

Les bœufs, à leur arrivée de l'intérieur du pays, sont remisés dans un parc construit tout à côté de l'*Hôtel d'Europe*, sur le bord de la mer. Au moment de l'embarquement, les personnes chargées de ce travail les font sortir l'un après l'autre, en ayant soin de les lier solidement par les cornes au moyen d'une longue corde dont une des extrémités se trouve entre les mains des Malgaches qui montent l'embarcation destinée à les conduire à bord. Cette embarcation, de forme spéciale, est enguirlandée de pieux dont je ne saisis pas tout d'abord l'utilité. Les bœufs, poussés de terre par leurs gardiens et entraînés vers la mer par les hommes de l'embarcation, qui tirent vigoureusement sur la corde, n'entrent dans l'eau qu'avec la plus grande répugnance et résistent avec opiniâtreté tant qu'ils trouvent un point d'appui ; mais dès qu'ils ont perdu pied, ils se mettent résolument à la nage et se laissent emmener, sans protestations apparentes, le long de l'embarcation où ils sont fortement amarrés par les cornes à chacun des pieux qui émergent des bords. Cette pêche à la ligne, d'un nouveau genre, recommence jusqu'à ce qu'il y ait autour de l'embarcation un nombre de bœufs suffisant. Puis, la barque, avec ce chapelet de barriques vivantes, se dirige, au moyen d'un câble partant du bord et fixé à terre, vers le navire qui doit conduire ce bétail à destination. Toutefois, il n'est pas rare que les requins qui peuplent la rade viennent assaillir cet important cortège et prélever leur dîme sur le troupeau, malgré les précautions prises par les Malgaches de battre l'eau à grand fracas pour effrayer les redoutables maraudeurs. Quand les requins ne réussissent pas à décrocher le bœuf entier, ils se contentent, quelquefois, de happer une jambe et la mer se teinte de sang autour du malheureux mutilé.

La nuit arrivant sur ces entrefaites, je m'arrache à cet intéressant spectacle et regagne l'hôtel où m'attendait un repas confectionné à la mode malgache, repas peu fait, je l'avoue, pour faire oublier la cuisine française. L'estomac peu satisfait, je regagne ma case que j'inspecte dans tous les sens. Vaincu par la fatigue, je m'allonge tout habillé sur la natte qui me sert de lit et ne tarde pas à m'endormir d'un profond sommeil. Inutile de dire que je me suis réveillé le lendemain matin tout meurtri et endolori, n'étant pas encore accoutumé à ce genre de couchage.

Il pleut pendant toute la matinée. Je consacre l'après-midi à faire, de concert avec le sergent Salomon, tous les achats d'objets qui nous seront nécessaires pour la route. Son concours précieux m'évite bien des ennuis, car il se charge de tout organiser. Le soir, après le dîner, je vais faire, en sa compagnie, un tour de promenade dans les environs, et nous sommes tout surpris de voir les arbres et le sol phosphorescents. Nous constatons que ces clartés étranges sont dues à une multitude de superbes mouches lumineuses dont les reflets sont beaucoup plus vifs et plus éclatants que ceux des lucioles de nos pays.

En arrivant à la case, je trouve un avis de la Résidence, m'informant que le convoi sera formé le lendemain 9 septembre, à six heures du matin, et m'invitant à prendre, pour cette heure matinale, mes dispositions pour le départ. J'étais exact au rendez-vous; mais malgré toute la bonne volonté de M. le Chancelier et de l'interprète, il nous fut impossible de partir à l'heure dite, car les *bourzanes* (porteurs) soulevèrent mille difficultés à propos des détails du chargement. Après maints *kabars* (discussions) et d'interminables pourparlers, nous sommes enfin prêts à nous mettre en route pour la capitale.

III

Avant de quitter Tamatave, je crois utile de donner ici quelques détails que j'ai recueillis pendant mon séjour dans cette ville.

Quoique construit sur un terrain sablonneux, Tamatave est enveloppé d'un véritable manteau de verdure, de bouquets de palmiers et autres arbres tropicaux en pleine végétation, qui lui donnent un aspect riant et agréable. La vue se repose avec plaisir sur les environs et sur la ville elle-même dont presque toutes les maisons sont entourées de jardins.

La rade foraine est assez spacieuse, mais presque ouverte ; elle n'est, en effet, protégée des lames du large que par une ceinture d'immenses récifs de coraux. On y accède par des passes dont deux seulement ont une largeur suffisante pour donner passage aux navires de fort tonnage. Elle est peu sûre, et le transbordement des passagers et des marchandises n'offre pas toujours une sécurité parfaite. Les navigateurs la redoutent, et les épaves qu'on aperçoit de tous les côtés ne sont pas de nature à rassurer les capitaines. On n'a pas oublié que deux navires de l'État, le transport l'*Oise* et l'aviso le *Dayot*, surpris par des cyclones, ont été jetés à la côte en 1883 et en 1888.

Jusqu'à présent aucun travail n'a été entrepris en vue de rendre le port plus commode et plus sûr. Il n'existe ni quais, ni jetées, ce qui rend la manipulation des marchandises assez laborieuse; mais la situation géographique de Tamatave est telle, qu'en dépit de ses imperfections, ce port est le plus fréquenté de toute l'île et le plus grand marché du pays. De Tamatave, en effet, part la route ordinairement suivie pour aller de la mer à Tananarive. La majeure partie du trafic de la capitale et des hauts plateaux avec la côte vient ainsi y aboutir.

D'autre part, c'est à Tamatave que touchent le plus grand nombre des navires qui fréquentent la côte orientale de Madagascar. Deux fois par mois, les paquebots des Messageries Maritimes y font escale; la Compagnie Havraise Péninsulaire y touche une fois par mois; enfin les navires anglais de la *Castle Line C^o Limited* et de l'*Union Line C° Limited*, allant à Londres et à Maurice par le cap de Bonne-Espérance, s'y arrêtent également.

Le mouvement du port se chiffre annuellement par environ deux cents entrées et sorties de bâtiments au long cours. La moitié de ces navires sont anglais ou mauriciens ; les autres sont français, américains ou allemands. Notre pavillon occupe la seconde place. On voit, en outre, dans la rade de Tamatave bon nombre de caboteurs malgaches, arabes et indiens, qui viennent charger ou décharger des marchandises à destination ou en provenance des autres ports de l'île, de Mozambique, de Zanzibar, des Comores, des Mascareignes et même de l'Hindoustan.

Le port prendrait rapidement une bien plus grande importance s'il était pourvu d'installations convenables, et surtout si les communications avec l'intérieur étaient rendues plus faciles. On sait que Madagascar manque de voies de pénétration ; le chemin qui mène de la côte à Tananarive n'est qu'un sentier où les transports se font à dos d'hommes. Les Hovas se sont toujours opposés à ce qu'on le transformât en route carrossable. Ils s'imaginent par ce moyen rendre leur capitale inaccessible à une armée étrangère. Le calcul n'est peut-être pas mauvais, mais il a pour résultat d'empêcher le trafic de se développer sérieusement. Ce fait est connu depuis longtemps : tout le monde pense qu'il conviendrait de créer un réseau de routes reliant les plateaux de l'Imérina à la côte et, avant tout, une voie praticable allant de Tananarive à Tamatave. Mais il n'y faut point songer pour le moment ; les Hovas n'y consentiraient à aucun prix. Patientons donc, mais souvenons-nous que, dès que la situation politique s'améliorera, notre premier effort devra tendre à créer une bonne route de Tamatave à l'Imérina.

Tamatave est, au point de vue commercial, la ville la plus importante de l'île. Son commerce est en grande partie aux mains des étrangers. Là, comme à la Réunion et à Diego-Suarez, les Chinois et les Indiens ont accaparé, partiellement du moins, le petit négoce. Quant au trafic d'importation et d'exportation, il est à peu près monopolisé par des maisons américaines, anglaises, allemandes et françaises. Mais il faut dire que ces maisons sont en rapports suivis avec des négociants indigènes, surtout des négociants hovas, qui leur fournissent ou leur achètent en gros des marchandises. Plusieurs de ces indigènes font avec elles un chiffre d'affaires considérable : ce sont en général des hommes fort intelligents et très expérimentés.

Les Américains occupent depuis longtemps une place importante sur le marché de Tamatave. Ils introduisent à Madagascar, par cette voie, la majeure partie des étoffes dont les habitants se servent pour se vêtir. Ces étoffes consistent principalement en tissus communs, toiles écrues et cotonnades, destinées à la consommation courante. De tous les articles de provenance étrangère, c'est celui dont la vente est la plus lucrative, celui qui est assuré du plus large débit. Les statistiques douanières attestent, en effet, que les tissus entrent au moins pour moitié dans le total des importations de Madagascar. Deux puissantes maisons américaines, parfaitement outillées, se sont rendues maîtresses de ce commerce. Le bon marché de leurs produits les protège contre toute concurrence.

Les négociants des États-Unis importent également à Madagascar des armes à feu et des munitions de guerre. Après les tissus, c'est le genre d'articles dont l'importation leur procure les plus beaux bénéfices. Pendant la guerre qui précéda la signature du traité de 1885, alors que les côtes de Madagascar étaient bloquées par les forces navales françaises, des navires américains, trompant la surveillance de nos croisières, venaient à tout moment débarquer dans les ports de l'île des fusils, de la poudre et d'autres fournitures militaires, que les Hovas payaient au plus haut prix. Ce trafic interlope a naturellement pris fin avec la guerre. Toutefois, les fabricants des États-Unis continuent à vendre aux Malgaches, quoique sur une moindre échelle, mais dans des conditions encore très rémunératrices, des armes et des munitions.

Les navires américains embarquent à Tamatave ou dans les ports de la côte occidentale des quantités de marchandises à peu près égales à celles qu'ils viennent y déposer. Les denrées qu'ils prennent en charge à destination de leur pays sont principalement des peaux brutes et du caoutchouc. Comme on le verra plus loin, les peaux de bœufs et de moutons, surtout les peaux de bœufs, constituent l'un des éléments principaux de l'exportation de Madagascar. Leur abondance et leur extrême bon marché permettent aux négociants qui s'occupent de ce commerce de faire des opérations extrêmement fructueuses. Le caoutchouc est aussi un article tout à fait avantageux. On sait qu'il tend à devenir relativement rare dans les pays de production et que, sur nos marchés, il se paye de plus en plus cher. L'industrie américaine qui en consomme beaucoup trouve profit à s'approvisionner à Madagascar, où les cours, quoique assez élevés, n'atteignent pas encore les taux pratiqués sur la côte d'Afrique.

A côté des Américains, les Anglais prennent une part importante au commerce de Tamatave. Ils écoulent sur la place de notables quantités de tissus à très bon marché, qui imitent les tissus d'origine américaine. Ils y écoulent aussi, pour plusieurs millions, du rhum de Maurice. On n'évalue pas à moins de quarante ou cinquante mille hectolitres par année le montant de cette importation. Il n'y a pas longtemps, c'était le rhum de la Réunion qui se vendait le mieux à Tamatave ; mais comme il est de qualité supérieure et d'un prix élevé, celui de Maurice, beaucoup moins cher, a fini par obtenir la préférence de la clientèle indigène. Cette substitution a causé un préjudice sérieux à notre colonie. Elle a eu un autre résultat, c'est de généraliser parmi les indigènes l'usage des liqueurs fortes au grand détriment de leur santé. Le rhum de Maurice est un véritable poison ; celui qui en abuse ne résiste pas longtemps. Les autres articles de provenance anglaise sont les faïences, la mercerie, la verroterie, la quincaillerie et la bière. Une bonne part de ces marchandises est destinée à la colonie britannique.

Les exportations à destination de la Grande-Bretagne consistent surtout en caoutchouc, chanvre brut et minerais, elles sont peu importantes. Par contre, Maurice et les Seychelles tirent de Tamatave une grande quantité de produits agricoles. C'est là seulement que la population de ces îles peut se procurer la viande de boucherie et certaines denrées alimentaires dont elle a besoin.

Les Allemands n'ont qu'une situation effacée à Tamatave : ils n'envoient guère dans ce port que huit ou dix navires par année. Ils n'en font pas moins avec le pays un trafic très appréciable. Leur importation fait concurrence à celle des Anglais ; elle comprend en première ligne des faïences, de la quincaillerie et de la bière ; en seconde ligne viennent des objets tels que la droguerie et les vêtements confectionnés. On sait que l'Allemagne est supérieurement outillée pour la fabrication de ce dernier article et que depuis vingt ans elle inonde l'univers de ses produits.

La France importe à Tamatave des tissus de laine, des soieries, du sel de Marseille, des conserves, des vins ordinaires en barrique, des spiritueux, des huiles en caisse, des bougies, des savons, des articles de Paris et un peu de bijouterie. Pour ce qui est des tissus de laine, nous n'avons pas de concurrence sérieuse à redouter. Notre pays a toujours eu un avantage marqué sur ses voisins dans ce genre de fabrication. Mais les indigènes achètent peu de lainages ; ils préfèrent de beaucoup les étoffes de coton. Il s'agit donc là d'un commerce de médiocre importance. Les soieries sont également un article secondaire : l'Imérina en fabriquant d'assez soignées, l'importation est forcément restreinte à des produits d'une valeur exceptionnelle. Quant au sel, il est à Madagascar, comme dans tous les pays d'Afrique, une denrée très recherchée. Il n'y a pas de salines dans l'île, où cependant il serait aisé d'en établir. On y songe, paraît-il : il est à souhaiter qu'un industriel français se décide à créer une exploitation ; l'entreprise donnerait sûrement de beaux bénéfices, car elle permettrait, entre autres choses, d'installer des usines pour la préparation des conserves de viande.

En échange des marchandises que la France

écoule à Madagascar, elle tire de l'orseille, des bois, du bétail, de la cire, de la gomme copal et différents autres produits agricoles. L'orseille, qui rend de grands services à l'industrie de la teinture, est très demandée dans nos comptoirs, qui en exportent pour plusieurs centaines de mille francs chaque année. Les bois de teck, d'ébène et de palissandre fourniraient un sérieux appoint au trafic, si le commerce en était permis. Mais, dans le but d'empêcher la destruction des forêts, le Gouvernement n'autorise la sortie des bois que par les ports de la côte ouest. C'est seulement à titre accidentel que nos navires peuvent en charger sur la côte orientale. Le bétail sert à l'approvisionnement de la Réunion où l'élevage est, comme on sait, peu développé. La même colonie fait acheter à Tamatave d'importantes quantités de riz et de saindoux.

Quant à nos nationaux, qui sont plus nombreux à Tamatave que les autres Européens, ils n'y tiennent pas la place que nous devons ambitionner pour eux. Les maisons françaises ne disposent malheureusement pas de ressources suffisantes pour lutter avec avantage contre les Américains et les Anglais. L'incertitude de la situation politique fait que, jusqu'à présent, notre commerce hésite à engager ses capitaux dans des opérations qui lui paraissent comme beaucoup trop aléatoires. D'autre part, il faut convenir que nous ne savons pas très bien nous y prendre. Ainsi que nous le disions plus haut, les articles qui se vendent le mieux et font l'objet du plus grand trafic à Tamatave, ce sont les cotonnades. L'objectif de nos négociants devrait donc être de s'emparer d'une partie de ce trafic, monopolisé à l'heure actuelle par les Américains et les Anglais. Or, c'est à peine s'ils ont fait dans ce sens quelques timides essais. La raison en est que les tissus de coton de provenance française sont beaucoup trop beaux et partant trop chers pour être achetés par la clientèle indigène. Le même fait a été souvent constaté dans les pays de la côte occidentale d'Afrique, aux Antilles et en Indo-Chine. En Indo-Chine, nous avons réussi à nous rendre maîtres du marché, mais il a fallu pour cela recourir à des taxes douanières qui ont fermé le pays aux importations de nos concurrents. A Madagascar, nous ne pouvons user de ce moyen. Si donc les fabriques françaises veulent y écouler leurs cotonnades, elles doivent se mettre en mesure de produire des étoffes semblables à celles de nos rivaux, c'est-à-dire des étoffes inférieures de prix et de qualité.

Il est également indispensable que par une action plus énergique, le Protectorat, prenant la haute main dans les affaires du pays, inspire plus de confiance aux capitaux français découragés jusqu'à ce jour par l'indécision et le manque de direction de notre politique coloniale à Madagascar. Cette indécision diminue notre prestige aux yeux des Hovas, enclins à prendre nos hésitations pour de la faiblesse.

En outre des considérations que nous avons fait valoir plus haut, au sujet de l'intérêt qu'il y aurait pour les fabricants français à jeter sur les marchés de Madagascar des tissus similaires, comme qualité, prix et dimensions, à ceux qui proviennent des fabrications anglaise et américaine, une question s'impose qui prime toutes les autres. Nous voulons parler de la nécessité absolue d'ouvrir des routes d'accès et des voies de transport sur Tananarive, capitale de l'île et résidence du Gouvernement malgache.

Tant que le Protectorat conservera l'attitude passive et purement contemplative qui est actuellement préconisée à Madagascar, il sera impossible d'obtenir quoi que ce soit, dans ce sens, de la part du Gouvernement hova qui ne manque jamais l'occasion de nous prouver sa mauvaise volonté. Il serait urgent que le Ministre des Affaires étrangères en France se décidât à prendre un parti énergique en établissant un protectorat effectif au-dessus de toute discussion ou en prenant possession absolue de l'île. Dans l'un ou l'autre cas, les capitaux français reprendraient confiance et afflueraient à Madagascar.

IV

Avant de commencer le récit de notre voyage de Tamatave à Tananarive, il est indispensable d'exposer certaines considérations générales sur la topographie de Madagascar et de donner quelques explications sur le mode de locomotion usité dans le pays.

Dans un de ses rapports commerciaux, M. d'Anthoüard, chancelier de notre Résidence générale à Tananarive, a résumé en une formule pittoresque l'impression que la vue de Madagascar produit sur le voyageur. « L'île, dit-il, est « un des pays les plus bouleversés que l'on « connaisse. Vue d'un sommet élevé, elle res« semble à une mer en furie, dont les vagues se « seraient solidifiées subitement. »

A quelques exceptions près, les vallées sont étroites, à flancs abrupts, et les sentiers — car il n'existe pas, à proprement parler, de routes — circulent au milieu de ce chaos, escaladant les montagnes pour descendre dans des bas-fonds marécageux, coupés par des gués ou des passages de cours d'eau que l'on franchit sur de mauvaises petites pirogues. Un voyage dans l'intérieur de Madagascar n'est donc pas une petite entreprise. Une simple excursion de deux ou trois jours devient toute une affaire ; il faut emmener avec soi des porteurs, des vivres, un attirail assez encombrant. Ajoutez à cela le soleil, la pluie, la traversée des forêts, la médiocrité des gîtes, et vous aurez une idée des fatigues et des obstacles que l'explorateur doit surmonter.

La distance de Tamatave à la capitale est d'environ trois cent cinquante kilomètres. On la franchit d'habitude en six ou sept jours, mais lorsque le mauvais temps a gâté les chemins ou grossi les rivières, il faut compter deux ou trois jours de plus, quelquefois même davantage. La route n'est qu'un étroit sentier, mal entretenu, courant à travers un pays montueux où l'on rencontre à toute minute des passages difficiles. Aussi le trajet est-il très fatigant, bien qu'il soit d'usage de le faire à dos d'hommes. On trouve à Tamatave des porteurs qui se chargent de vous conduire moyennant un salaire de dix-sept francs cinquante par homme. Ces porteurs, remarquablement entraînés, forment une espèce de corporation. Une équipe se compose ordinairement de huit individus. Le voyageur prend place sur un siège en toile ou en cuir reposant sur un brancard. Quatre porteurs prennent l'appareil (filanzane) sur leurs épaules et l'entraînent à une allure accélérée. Ils marchent ainsi pendant trente secondes environ et sont remplacés, sans arrêt, par quatre autres qui, à leur tour, sont relevés par les quatre premiers, et ainsi de suite pendant toute la durée de l'étape. Ils accomplissent, de cette façon, une soixantaine de kilomètres par jour. Leur adresse n'empêche pas le voyageur d'être horriblement secoué; d'ordinaire, on arrive moulu au gîte où l'on doit passer la nuit. Quant aux bagages, vivres, etc., nécessaires au voyage, ils sont également transportés à dos d'hommes.

La route de Tamatave à Tananarive passe pour assez sûre : voyageurs et marchandises y circulent sans courir trop de risques. Il n'y a rien à craindre des porteurs, ni des habitants des villages qu'on rencontre chemin faisant ; mais de temps à autre il arrive que des brigands pillent un convoi ou dévalisent un voyageur.

Ces agressions sont particulièrement fréquentes sur les autres routes qui conduisent de la capitale à la côte, notamment sur celle qui mène au port de Majunga.

Je demandais un jour à M. Campan, consul de France à Tananarive, qui habite Madagascar depuis de longues années et connaît admirablement le pays, à quoi il fallait attribuer cette insécurité des routes (1). Il m'expliqua qu'elle tenait à des causes multiples, mais surtout aux deux causes suivantes : d'abord, les Européens, en s'établissant dans l'intérieur de l'île, ont communiqué aux indigènes des besoins nouveaux inconnus auparavant. Or, beaucoup d'individus préfèrent recourir à la rapine pour satisfaire ces besoins, plutôt que de s'imposer un surcroît de travail. La police n'étant pas très vigilante, ce moyen leur réussit assez pour qu'ils aient la tentation de l'employer fréquemment.

(1) Depuis que j'ai écrit ces lignes, les journaux nous ont appris la mort de M. Campan, décédé à Tananarive au commencement de 1892. M. Campan était le neveu de l'illustre Laborde, qui, pendant près de quarante ans, a joué l'un des premiers rôles à Madagascar et y a porté si haut, à une certaine époque, l'influence de notre pays. La mort de M. Campan est une grande perte. Il avait rendu là-bas de précieux services à la cause française, et son expérience lui eût permis d'en rendre encore beaucoup d'autres. On ne le remplacera pas aisément.

En second lieu, à la suite de la guerre contre la France, les Hovas ont dû licencier une partie de leur armée; mais les soldats congédiés ne sont pas tous retournés dans leurs villages : un certain nombre se sont associés pour former des bandes de pillards qui tiennent la campagne et sont devenus un fléau pour le pays. Il serait bien désirable qu'une répression énergique mît un terme à leurs exploits.

Madagascar est un pays très bien arrosé; les sources, les ruisseaux et les rivières y abondent; mais il ne faudrait pas en conclure que les communications doivent forcément en être rendues plus faciles. On utilise, néanmoins, autant qu'il est possible, le système hydrographique. C'est ainsi qu'un tiers du voyage de Tananarive à Majunga s'effectue sur la rivière Betsiboka.

La côte Ouest de Madagascar possède nombre de cours d'eau navigables sur des parcours plus ou moins longs et dont il serait aisé de tirer parti. La côte Est de la grande île est moins favorisée. Sur cette côte, en effet, existent d'immenses digues de coraux qui, arrêtant les sables charriés par les cours d'eau, ont fini par obstruer complètement ou à peu près les embouchures des rivières. Les eaux de ces dernières, ne trouvant plus d'écoulement du côté de la mer, ont envahi les terrains bas du littoral et y ont formé une série de lagunes qui courent le long de la côte sur une grande distance. Ces lagunes, assez profondes, sont séparées les unes des autres par de petites langues de terre dans lesquelles il serait facile de percer des canaux qui, les reliant entre elles, ouvriraient une route fluviale très avantageuse et faciliteraient les transactions entre les divers points de la côte Est de Madagascar. Actuellement, une grande partie du commerce, entre Tamatave et les localités situées au sud de cette ville, s'effectue par terre et par eau au moyen des lacs dont nous venons de parler. Ces lacs sont navigables pendant presque toute l'année; mais ils ont un inconvénient des plus sérieux : c'est celui de constituer de dangereux foyers de fièvre.

Après avoir expédié nos bagages, non sans difficultés, nous quittons Tamatave le 9 septembre, à une heure de l'après-midi, le sergent Salomon en tête.

La route que nous suivons pour nous rendre à la capitale, se dirige d'abord vers le sud. Elle longe la mer dont elle n'est séparée que par un rideau de forêts peu épais et nous percevons, de temps en temps, le bruit des vagues se brisant sur le rivage. Nous traversons à gué une petite rivière, le Manangareza. Cette rivière a donné lieu dans la région à un dicton assez curieux et d'après lequel tous ceux qui ont bu de l'eau du Manangareza doivent infailliblement retourner dans le pays.

Le soleil est très chaud et nous éprouvons un soulagement à nous engager dans une forêt où nous remarquons quelques beaux arbres. A trois heures, nous arrivons au village d'Ivondro bâti sur la rivière du même nom et qu'il va falloir franchir. Nous nous embarquons sur de grandes pirogues grossièrement taillées dans des troncs d'arbres et ayant de six à sept mètres de long sur soixante-dix centimètres environ de large. Nos *filanzanes* placés au fond de la pirogue nous servent de sièges. Nos porteurs s'arment de pagaies, s'assoient au fond de l'embarcation, et nous glissons bientôt sur les eaux tranquilles de l'Ivondro. A l'arrière, le patron, ayant à la main une grande pagaie qui lui sert de gouvernail, dirige la manœuvre.

Une végétation puissante couvre les bords de la rivière. Nous abordons après une traversée qui avait duré vingt-cinq minutes. Pendant cette traversée, les piroguiers chantaient en chœur, en rythmant leur chant sur le bruit cadencé des pagaies.

J'ai eu la bonne fortune de pouvoir noter la chanson suivante :

CHANSON DES MPILANJA EN PIROGUE

Eh ! Eh ! Eh ! ô toi ! (*bis*)
Eh ! Eh ! ô toi
Nous nous amusons (*bis*)
Nous nous amusons (*bis*).

PAROLES

Eh ! ry izy ô. Eh ! Eh ! Eh ! ry izy ô
Eh ! Eh ! ry izy ô.
Izahay milalao ry izy ô, Izahay milalao
Izahay milalao ry izy ô, Izahay milalao, etc.
Eh ! Eh ! ry izy ô, Eh ! Eh ! ry izy ô.

Après un quart d'heure de marche, nous arrivons au village d'Ambodinisiny où nous devons passer la nuit. On nous conduit dans la case réservée aux *vazaha* (voyageurs), laquelle, comme toutes les cases malgaches, se compose de quatre murs et d'une toiture en bambou et en feuilles de *ravinola* (arbre du voyageur). Trois pierres dans un angle forment le foyer sans cheminée ; le plancher élevé de cinquante centimètres au-dessus du sol est recouvert de nattes. Quant aux tables, chaises, etc., tous ces meubles y sont inconnus et par conséquent absents. Nous nous installons de notre mieux afin de passer la nuit dans les meilleures conditions. Quoique fatigués, nous dînons de très bon appétit et ne tardons pas ensuite à nous endormir d'un sommeil de plomb.

Le fleuve Ivondro est séparé du lac Nosy-Bé par une langue de terre sur laquelle on traîne les pirogues. Ce lac a environ trente kilomètres de périmètre. Le site est splendide ; l'œil se repose sur une grande quantité d'îlots couverts de verdure et où s'agitent des milliers d'oiseaux. C'est dans un de ces îlots que, suivant les traditions malgaches, la sorcière Mahao établit sa demeure. La superstition est telle à Madagascar, que les rameurs gardent le plus profond silence lorsqu'ils franchissent ce passage.

Le lendemain 10 septembre, à quatre heures du matin, le *commandeur* (nom que l'on donne au chef des porteurs) vient nous éveiller. Il faut de nouveau faire les préparatifs du départ qui a lieu à six heures. Nous nous mettons en route sous une pluie torrentielle : nous traversons des prairies où sont parqués de nombreux troupeaux de bœufs. Ces prairies, autrefois forêts, ont été incendiées, et de temps à autre on rencontre des arbres couchés et à demi calcinés par le feu destructeur. Le pays est plat et sablonneux ; pas une pierre, pas le moindre caillou.

A huit heures, nous traversons le hameau d'Ambalatambako. Nous passons à Ankarejo, village d'une trentaine de cases en assez piteux état, à neuf heures et, à neuf heures vingt-cinq, au village de Tranomaro. A dix heures et demie, nous arrivons à Tampolo, une des plus pauvres et des plus sales localités que l'on rencontre en route. Nous prenons possession de la case qui nous est destinée. Nous faisons allumer du feu pour pouvoir nous sécher et attendre patiemment nos porteurs de provisions qui sont en retard, sans doute à cause du mauvais temps. Il est plus de midi et, comme sœur Anne, nous ne voyons

ANDRANOKODITRA (Village de la côte Est).

absolument rien venir. Cependant nos estomacs commencent à crier famine, et comme il est juste de leur donner satisfaction, nous nous décidons, avec le sergent Salomon, à leur offrir un repas à l'espagnole composé de quelques cigarettes arrosées d'un verre de rhum. Après ce déjeuner aussi léger que peu réconfortant, nous nous remettons en route à midi et demi. La pluie qui n'a pas cessé depuis le matin tombe de plus belle.

Le pays change d'aspect : nous entrons en pleine forêt. Nous cheminons par des sentiers qui n'ont pas plus de cinquante centimètres de largeur et nous sommes obligés, à chaque instant, de nous préserver le visage pour ne pas être aveuglés par les branches des arbres qui émergent des deux bords. La végétation est réellement superbe : les orangers sauvages en fleurs mêlent leur parfum à celui des orchidées, tandis que les palmiers, les bambous, les cycas, les fougères arborescentes, réunis par des lianes gigantesques en massifs de verdure, forment des fourrés impénétrables. Tout à coup, le rideau de verdure tombe et, en débouchant de la forêt, nous nous trouvons en face de l'Océan Indien. C'est la mer infinie sans une voile à l'horizon.

D'immenses vagues bleues arrivant du large viennent se briser en bouillonnements d'écume sur le rivage.

Nous longeons la côte sur un tapis de sable pendant deux heures environ, ayant à notre gauche l'Océan et à notre droite la forêt aux arbres énormes. Nous passons près du village d'Andranokoditra à trois heures, et nous arrivons vers quatre heures sur les bords de l'Ambinarisangy, que nous traversons en pirogue, le gué n'étant plus praticable par suite des pluies torrentielles de la journée. La traversée dure cinq minutes. Nous reprenons notre route et nous atteignons Ampantaomaizina à cinq heures de l'après-midi : c'est là que nous devons passer la nuit. Nos bagages et nos provisions nous ayant rejoint, notre cuisinier Tizy confectionne un succulent dîner pour nos estomacs peu satisfaits par le déjeuner du matin.

Avant d'atteindre Ampantaomaizina, on rencontre le lac Iranga, beaucoup plus petit que le lac Nosy-Bé, et qui n'a pas plus de huit mètres de profondeur. Ce lac est célèbre pour avoir été le théâtre des exploits d'un serpent légendaire. On montre encore à Tanifotsy l'étang où il se baignait et la caverne où il se retirait.

Non loin d'Ampantaomaizina se trouve le lac

Rasoabé qui succède au lac Iranga. Il est beaucoup plus grand que ce dernier : il a environ cinquante kilomètres de périmètre. La contrée est très giboyeuse et le « géant du feu », dit-on, y commande.

Le lendemain, 11 septembre, réveil à quatre heures; départ à six heures. La pluie tombe sans discontinuer. Le pays est toujours en plaine, les prairies alternant avec les forêts où j'admire plusieurs variétés de végétaux parmi lesquels les cycas dominent; quelques-uns sont réellement superbes. Les orchidées sont aussi en abondance, presque toutes en fleurs de couleurs diverses. Nous longeons alors pendant quelques minutes le lac Rasoa-Masay qui communique avec le lac Rasoabé par un canal peu profond. Nous traversons ensuite, à sept heures trente, Vavony, village assez important, possédant une quarantaine de cases; nous passons auprès du petit village d'Ambila un quart d'heure après et, à onze heures, après avoir traversé une petite rivière en pirogue, nous arrivons au village d'Andavakimenarana.

Pour la modique somme de trente centimes nous achetons un filet de bœuf que je dévore de moitié avec le sergent afin de nous donner les forces nécessaires pour supporter les fatigues du voyage.

Au point de vue hygiénique, je suis ponctuellement les conseils et prescriptions des docteurs Dupouy et Cazeau qui, tous deux, ont habité le pays. Je constate avec plaisir que la fièvre n'est pas encore venue me rendre visite, quoique depuis notre départ de Tamatave nous ayons toujours campé dans des endroits marécageux et malsains. La pluie a enfin cessé. Pour arriver à Andavakimenarana, nous avons longé pendant plus d'une heure les bords d'un beau lac où j'ai admiré, sur la rive opposée, des sites réellement féeriques.

Immédiatement après le déjeuner, nous nous remettons en route. Nous traversons des bois où les fougères arborescentes dominent; beaucoup d'orangers sauvages. Malheureusement, à peine sommes-nous en route que la pluie tombe de nouveau, et c'est en sa fort peu agréable compagnie que nous faisons notre entrée dans le village d'Andevoranto, qui est certainement le plus important de la route. Nous sommes logés dans une case très coquette dont les murs et le sol sont recouverts de fines nattes. Un jardin planté d'orangers et de pêchers en fleurs entoure l'habitation qui, malheureusement, est située sur les bords d'une vaste mare où l'eau croupit et constitue par suite un foyer d'infection.

Le samedi 12 septembre, ce n'est qu'après force pourparlers avec les piroguiers, qui exigeaient un prix exagéré, que nous pouvons, à cinq heures et demie du matin, prendre passage dans de grandes pirogues relativement confortables. Comme pour la traversée de l'Ivondro, nous nous installons de notre mieux sur nos *filanzanes* placés au fond de l'embarcation. Cette précaution n'est pas superflue, étant données la stabilité douteuse de la pirogue et l'immobilité presque absolue qu'il va nous falloir conserver pendant plus de quatre heures, car tout accident pourrait devenir fatal, les caïmans infestant la rivière.

Sous une vigoureuse impulsion de nos porteurs transformés en rameurs, nous ne tardons pas à sortir du marais qui entoure Andevoranto et à remonter le cours tranquille et majestueux de l'Iharoka. Cette rivière, assez profonde, a une largeur moyenne d'environ trois à quatre cents mètres. Elle pourrait rendre de grands services au commerce si elle était mise en communication avec la mer, dont elle n'est séparée que par une barre qu'il serait facile de percer.

Le jour ne tarde pas à paraître et le soleil empourpre l'horizon derrière nous ; ses reflets donnent au paysage un aspect des plus séduisants. Le silence le plus profond, rompu seulement par le bruit cadencé des pagaies frappant sur les bords de la pirogue, me rend mélancolique et, le tableau aidant, empreint mon âme d'un charme poétique et troublant. La fraîcheur m'arrache à ma douce rêverie et j'allume philosophiquement une cigarette pour me réchauffer.

Les berges de la rivière, couvertes de verdure, sont fort belles. Au loin, les montagnes profilent leurs sommets encore couronnés par la brume. Sur les flancs des collines voisines, nous apercevons quelques villages entourés de plantations assez bien cultivées. Nous passons devant plusieurs usines sucrières. Le soleil qui monte à l'horizon très rapidement devient de plus en plus chaud, et il nous tarde d'arriver.

A neuf heures, nous quittons la rivière, que nous laissons à gauche, pour entrer dans un de ses affluents. A mesure que nous remontons, le ruisseau se retrécit et les rives sont de plus en plus élevées ; elles ont de trois à quatre mètres de hauteur et sont recouvertes de plantes variées. Des oiseaux gazouillent et volent de branche en branche ; des cardinaux aux brillantes couleurs se détachent gracieusement sur le vert du feuillage ; des martins-pêcheurs au plumage si riche et nombre de splendides oiseaux, dont l'espèce m'est inconnue, volent autour de nos pirogues et traversent le ruisseau sur notre passage en faisant entendre leurs joyeux cris. Suivant leur habitude, les porteurs ont égayé la traversée de leurs chansons en s'accompagnant du bruit cadencé des pagaies.

Après cette longue navigation, nous débarquons tout courbaturés au pied du village de Maromby où nous prenons deux heures d'un repos bien mérité.

Maromby est une petite localité d'une cinquantaine de cases, bâtie sur une petite éminence située auprès de la rivière. J'y ai trouvé des myriades de délicates libellules, aux couleurs brillantes et très variées, malheureusement aussi d'insupportables moustiques.

Nous déjeunons à Maromby et, à une heure, nous nous remettons en route en *filanzane*. Le pays change totalement. Depuis notre départ de Tamatave, nous marchions dans un pays plat et dans des terrains sablonneux presque au niveau de la mer. Ici, nous foulons un sol argileux et nous nous élevons sensiblement. Ce ne sont plus que monticules et mamelons, qu'il nous faut franchir continuellement. Ces mamelons sont séparés par de grands ruisseaux que les porteurs traversent avec de l'eau jusqu'aux genoux et quelquefois jusqu'à la ceinture. Les bords de ces ruisseaux sont couverts de nombreux palmiers connus sous le nom de *rafia (sagus raphia)* très communs à Madagascar. Les fibres de ce palmier sont textiles. On en exporte de grandes quantités chaque année, notamment par le port de Tamatave. Les fibres du *rafia* sont employées par l'industrie indigène à la confection d'étoffes, connues dans le commerce sous le nom de *rabannes*.

Le panorama est très beau : de tous côtés et aussi loin que la vue peut s'étendre, ce ne sont que des replis de terrain se succédant les uns aux autres en ondulations de verdure où paissent de nombreux troupeaux de bœufs qui pourraient rivaliser de beauté avec nos bœufs de Normandie. Du fond des ravins s'élancent des bouquets de *rafias* et de *ravinolas* (arbres du voyageur) tandis que les flancs des monticules sont couverts d'orangers, de cocotiers, de fougères et de bambous gigantesques dont les troncs ont plus de quinze centimètres de diamètre.

A deux heures vingt, nous traversons le village

d'Ambatolampy et nous arrivons à Manambonitra à trois heures. Une heure après avoir quitté ce dernier village, nous passons à gué la rivière de Ranomafana dont le lit est excessivement large. A peu de distance de ce gué, à notre droite, se trouve une source d'eau sulfureuse chaude que nous allons visiter. Les indigènes ne tirent aucun parti de ces eaux qui pourraient leur rendre d'inappréciables services, étant données les nombreuses affections cutanées auxquelles ils sont sujets.

Nous atteignons ensuite le village de Ranomafana et, à cinq heures et demie, nous arrivons au village de Bedara à quarante-trois mètres d'altitude, après un trajet fort pénible et des alternatives de montées et de descentes sur un sol argileux, détrempé par la pluie qui nous poursuit depuis plusieurs jours. Les *bourzanes* (porteurs) n'avançaient qu'avec peine dans ces sentiers escarpés et glissants. Aussi, est-ce avec les vêtements complètement mouillés que nous faisons notre entrée dans la case où nous attend un bon feu qui nous permet de sécher nos vêtements.

Le petit-fils du premier ministre venait d'arriver et nous trouvons le village en fête. En son honneur, un bœuf avait été tué sur la place du Marché.

Nous avons avec nous un soldat appartenant au 4me régiment d'infanterie de marine et expédié de Toulon à Madagascar pour y faire partie de l'escorte du résident général. D'une taille moyenne, robuste et fort, Tizy, tel est son nom, conserve toujours sur sa figure les signes de l'indifférence la plus complète. Il ne s'émeut de rien, ne s'étonne de rien et garde, en toutes circonstances, l'impassibilité la plus absolue. Le ciel pourrait lui tomber sur la tête : Tizy ne s'en étonnerait pas outre mesure. C'est lui qui, pendant le cours de notre voyage, est chargé de faire notre cuisine ; car, pour être voyageur on n'en est pas moins homme, et rien n'est meilleur, après une rude étape, que de trouver au gîte un repas délicatement préparé et copieusement servi.

Après une journée employée à fournir un nombre respectable de kilomètres, sous une pluie battante, nous entrons dans la case et nous nous empressons de prendre nos dispositions pour réconforter nos estomacs mis en appétit par la marche forcée que nous venons d'effectuer. Nous achetons de la volaille et de la viande et nous les confions aux talents culinaires de Tizy, non sans lui avoir fait mille recommandations à ce sujet. Bientôt après, la volaille et la viande répandaient autour du foyer un fumet délicat.

Nous considérons avec tendresse les progrès de la cuisson, en songeant que, depuis notre départ de Tamatave, Tizy ne nous avait certainement pas préparé un repas aussi appétissant. Peut-être ces mets auraient-ils fait faire la grimace à un habitué de Brébant ou du Café Anglais; mais bast! nous ne sommes pas sur le boulevard et il ne faut pas nous montrer trop exigeants.

Nous procédons enfin à notre installation en disposant sur le sol assiettes, couteaux, fourchettes, etc., et nous nous accroupissons en rond autour de ce qui nous tient lieu de table. L'instant solennel arrive, Tizy s'apprête à nous servir. Il s'approche du foyer, prend la marmite entre ses doigts, la soulève avec la gravité que comporte l'exercice d'un pareil sacerdoce et, crac! laisse choir la marmite dans le feu, et son contenu se répand aussitôt, de ci de là. Lorsque la fumée s'est un peu dissipée, nous apercevons une cuisse de poulet qui fraternise avec un morceau de bœuf et la tête de la volaille qui se consume sur un tison ardent et semble pourtant fort peu se soucier d'être ainsi condamnée au supplice du bûcher.

Tizy n'en est pas plus ému pour cela; il reste bouche bée et si nous ne nous étions pas précipités pour opérer le sauvetage de quelques morceaux qui paraissaient avoir résisté au désastre, nous eussions, sans doute, jeûné ce jour-là. Heureusement, nous avons pu rassembler quelques bribes de poulet et quelques parcelles de viande, et les avons confiés de nouveau à notre chef de cuisine, non sans l'avoir menacé des tourments les plus invraisemblables s'il osait récidiver. Quelques instants après, Tizy nous servait un plat succulent auquel nous fîmes d'autant plus honneur que notre appétit, de plus en plus aiguisé, n'y regardait pas de si près et nous aurait permis d'avaler même des cailloux.

J'ai le pénible regret d'avouer que je n'ai pas conservé la recette de ce plat réconfortant. Mais je m'empresse d'ajouter que, pour remercier notre cuisinier de son habileté, nous n'avons pas hésité à donner son nom au plat qu'il avait si bien apprêté, en l'appelant : « Poulet à la Tizy-Bédara. »

Le dimanche 13 septembre, par une forte pluie, nous nous remettons en route à cinq heures du matin. Le pays est toujours accidenté, mais les bas-fonds sont cultivés en rizières. Dans les bois, je remarque de belles fougères arborescentes d'une très grande hauteur; des rafias en quantité considérable; sur certains arbres, des fourmilières que j'avais, de loin, prises pour des nids d'oiseaux; diverses variétés de ficus, des pêchers, des orangers. Autour des villages que nous traversons, quelques caféiers qui ne me paraissent pas bien cultivés. Après une heure et demie de marche, nous arrivons au village d'Ambatoharanana, à deux cent deux mètres d'altitude. Dix minutes après, nous nous élevons à deux cent vingt-sept mètres, au village d'Ambodifiakarana. A huit heures et demie, nous passons près de Mahela, à trois cent vingt-sept mètres au-dessus du niveau de la mer.

Le sentier — car il est impossible de lui donner le nom de chemin — qui conduit à la capitale est épouvantablement mauvais. Ce ne sont que contours et détours brusques et sans transition. Au lieu de se dérouler en ruban sur les flancs des élévations, ce sentier est établi en ligne droite du pied des monticules au sommet, pour retomber de l'autre côté avec des inclinaisons énormes. On dirait qu'on gravit les hauteurs au moyen d'une gigantesque échelle double. Dans certains endroits, le sentier n'a pas plus d'un mètre de largeur et il est complètement encaissé par des murailles en terre glaise de trois à quatre mètres de hauteur, tapissées de verdure, et par dessus, la forêt avec des arbres gigantesques.

Après sept heures de route, nous arrivons, à midi, à Ampasimbe (cinq cent vingt-neuf mètres) où nous nous arrêtons pour prendre un léger repas.

Nous nous remettons en marche à deux heures pour Marozevo, toujours sous la pluie. Enfin, vers deux heures et demie, le temps se met au beau; le soleil, jusqu'ici caché, se montre tout à coup et darde ses rayons brûlants. Malgré mon casque et mon parasol, je ne tarde pas à avoir la tête en feu. A deux heures quarante-cinq, nous arrivons au petit village de Madilo et nous en repartons aussitôt. Nous franchissons de nombreux ruisseaux où les porteurs ont de l'eau jusqu'à mi-jambes. Ils sont fréquemment obligés de sauter, au milieu d'un torrent, d'une pierre à l'autre, et j'ai cru bien des fois que j'allais rouler avec eux dans la rivière. Leur habileté proverbiale m'a évité ce bain forcé.

Peu après Madilo, nous remontons, pendant plus d'un quart d'heure, un petit cours d'eau très encaissé et couvert d'un véritable ciel de verdure. Les rayons du soleil éclairent vivement les gouttes d'eau qui perlent sur le bord des feuilles des arbres; de nombreux oiseaux gazouillent dans le feuillage. Nous remontons ensuite vers les hauteurs : les mamelons sont boisés d'une manière plus continue et on se rend parfaitement compte qu'une forêt existait en ces lieux il n'y a pas longtemps encore.

Nous arrivons, à six heures du soir, au village de Marozevo qui se trouve à quatre cent cinquante-trois mètres d'altitude, et où nous prenons nos dispositions pour passer la nuit. Après un dîner très simple, mais auquel nous avions fait vaillamment honneur, nous nous étions allongés sur une natte et devisions de choses et autres tout en fumant quelques cigarettes, quand nous sommes tout à coup surpris d'entendre, dans la case voisine, des indigènes entonner une chanson du pays qu'accompagnaient deux des leurs sur le *valiha* (instrument de musique consistant en un gros bambou de un mètre cinquante de long, dont les fibres soulevées forment des cordes qui reposent sur de petits chevalets. Le son de cet instrument a quelque analogie avec celui de la mandoline).

Enchantés d'avoir l'occasion de passer ainsi une soirée agréable, nous écoutons nos chanteurs jusque fort avant dans la nuit.

Voici, d'ailleurs, les paroles de cette chanson, suivies de la musique.

TARALILA

(Texte malgache)

Tsy anambadiako any zanakao (*bis*)
Varim boamena in telo mahandro
Vola sikajy mahavita taona
 Taralila lalila lalila
 Lalila lalila lalila lalila
  Lala

Avy taiza ny tompontsika (*bis*)
Avy intéty any Ivahilava
Manao ny tsy vita
 Taralila

Lamba zandiana Namorokay (*bis*)
Vidio kely
Fa Sahy rano
 Taralila

Vadiko hianao toakamena (*bis*)
Rafozako hianao damizana
 Taralila

Veloma hianao Razay (*bis*)
Antsoin tsamazaoro
 Taralila

Izaho re no Zanahary (*bis*)
Atooko ritra ny ranomasina
Anambadiako any Pakinambo !

TARALILA

(Texte français)

Je n'épouse pas votre fils
Avec quatre sous de riz il en a pour trois fois,
Douze sous lui suffisent pour passer l'année.
Taralila.

D'où vient notre maître? (la Reine)
Elle vient de parcourir les digues d'Ivahilava,
Faire ce qui n'était pas fini.
Taralila.

Lamba d'indienne des Namorokay (1) ;
Achetez-en quelques-uns,
Car ils peuvent être lavés.
Taralila.

Tu es ma femme (2) toi, rhum des Vazaha;
Et toi, ma belle-mère (3) ô dame-jeanne.
Taralila.

Bonjour, ô Razay,
Le sergent-major (4) vous offre ses respects.
Taralila.

Si j'étais Dieu,
Je dessécherais la mer
Pour pouvoir épouser Pakenham! (5)

(1) Tribu hova à l'est de l'Imerina. — (2) Ou : tu es mon mari. — (3) Ou : mon beau-père. — (4) Probablement sergent-major de l'escorte. — (5) Consul de S. M. britannique à Tamatave.

TARALILA

Nous quittons Marozevo le lendemain matin à cinq heures au petit jour. De tous côtés et aussi loin que la vue peut s'étendre, du point culminant où nous nous trouvons, je vois s'élever une brume épaisse et blanchâtre qui donne l'illusion de l'eau. Il me semble que je suis entouré de petits lacs. Le calme le plus absolu règne dans la nature, et peu après le départ en pleine forêt, j'entends le gazouillement des oiseaux qui, de leurs chants joyeux, saluent le lever de l'aurore. Pendant toute la journée, un soleil radieux a remplacé la pluie désagréable des jours précédents. Nous traversons de nombreux et charmants cours d'eau sous bois.

Cependant, ces montées et ces descentes rapides commencent à me fatiguer, le *filanzane* n'étant pas précisément un moyen de locomotion absolument commode. Les acrobaties auxquelles je suis obligé de me livrer pour maintenir un équilibre tout à fait instable, et les cahotements inévitables de mon véhicule ont brisé mon corps peu habitué, je l'avoue, à être secoué de la sorte. Heureusement, la beauté des paysages et la grandeur des sites que nous traversons me font oublier la fatigue.

Dans les bois, des fougères arborescentes de vingt mètres de hauteur servent de supports à des lianes à caoutchouc et à des bambous qui, de là, s'élancent sur les autres arbres à des hauteurs prodigieuses, pour retomber en éventails de verdure jusque sur le sol. Le tout est peuplé de jolis oiseaux de diverses couleurs et de tout ramage, et de gracieux *makis* (lémuriens de Madagascar) sautant de branche en branche, tandis que les caméléons, impassibles et comme découpés dans le feuillage, contemplent d'un œil hébété ce spectacle enchanteur. Nous sommes assez heureux pour capturer un *makis* que nous emmenons prisonnier et que je me propose de ramener en France pour l'initier aux douceurs de la civilisation.

Nous passons à six heures près du hameau d'Ambatomalama. Quelques minutes après, nous franchissons un torrent impétueux sur un lit de rochers énormes et glissants, et nous atteignons Beforona à sept heures du matin.

Beforona est un grand village bâti sur une éminence placée au point de rencontre de trois vallées encaissées, et dont les flancs assez boisés sont du plus riant aspect. Nous nous rendons immédiatement au bureau télégraphique afin de signaler à la capitale notre passage. Quelle n'est pas notre surprise d'entendre tout à coup la " Valse des Roses " jouée d'une façon très fantaisiste, mais reconnaissable cependant, par la fanfare du Gouverneur malgache de l'endroit. Nous demandons à notre *commandeur* les motifs de ce concert inattendu. Il nous fournit, dans un charabia impossible, quelques explications auxquelles nous ne comprenons absolument rien, sauf le mot « télégraphe » qui revenait à chaque instant. Renseignements pris, nous apprenons que M. Courtadon, chef surveillant de la ligne télégraphique, vient d'arriver et que, comme de coutume, le Gouverneur malgache a fait jouer en son honneur l'air du *Vazaha télégraphe* qui n'est autre que la " Valse des Roses ".

Après avoir échangé quelques paroles, nous prenons congé de M. Courtadon, nous promettant de faire plus ample connaissance dans quelques jours.

A dix heures, nous passons près du village de Irihitra et, à midi, nous atteignons Ambavaniasa où nous déjeunons. A une heure, nous nous remettons en route dans la forêt. Le paysage est identique à celui du matin : nous sommes toujours environnés d'une flore tropicale très puissante, et la végétation parasitaire est encore plus intense. Le soleil est très chaud, mais ses rayons ne nous incommodent nullement, tamisés qu'ils sont par la voûte de verdure qui protège nos têtes.

Nous traversons, à deux heures quarante, Anevoka, sale petit village forestier et, à quatre heures, nous arrivons à Analamazaotra où nos porteurs, épuisés de fatigue, demandent à passer la nuit. Nous y consentons volontiers, car il nous tarde aussi de nous reposer.

Ce village est situé en pleine forêt à neuf cent trente-cinq mètres d'altitude. Ses cases, construites en bois, sont assez pittoresques, mais d'une saleté repoussante. Les habitants ont l'air assez misérable ; ils sont chétifs comme, d'ailleurs, toutes les populations forestières que nous avons rencontrées. Cette constatation me donne une idée assez exacte du climat pernicieux des forêts de Madagascar. Après un dîner plus que frugal, nous ne tardons pas à prendre un repos bien gagné.

Le mardi 15, à cinq heures du matin, nous reprenons notre route au milieu de la forêt à demi plongée dans l'obscurité. Un silence absolu et profond règne autour de nous. A cinq heures et demie, la forêt s'illumine et le soleil réveille tous les êtres encore endormis à cette heure matinale. Les oiseaux gazouillent de tous côtés et les arbres eux-mêmes paraissent sortir d'un long sommeil. Nous traversons de nouveaux cours d'eau sous bois et remontons pendant plus de vingt minutes le lit de l'un d'eux sous un tunnel de verdure. A sept heures quinze, nous arrivons à Ampasimbotsy, rendez-vous de nombreux porteurs de peaux de bœufs qui descendent à la côte. Nous franchissons une montée très raide et nous passons non loin du petit village de Behara. A onze heures, nous débouchons de la forêt ayant à nos pieds le village de Moramanga et en face, à perte de vue, une plaine immense, nue, complètement inculte.

Ce village, situé à huit cents mètres d'altitude, compte plus de deux mille habitants et possède une garnison de huit cents soldats environ, avec gouverneur, sous-gouverneur et commandant de place. Depuis Tamatave, c'est le village le plus propre que nous ayons traversé. La race hova commence à se montrer : aussi les Français y sont-ils mal vus.

Il existe, à l'entrée de ce village, presque en face de l'habitation du Gouverneur, une case très propre qui est réservée aux *Vazaha*. La veille, elle avait été habitée par un Anglais et elle était inoccupée à mon arrivée. Je m'attendais donc à être hébergé dans cette case très confortable, lorsqu'à ma grande surprise je suis conduit à l'autre extrémité du village, dans une case toute délabrée. Pendant que les *bourzanes* sont occupés à arranger les bagages, je vais faire une promenade à travers le village. J'ai la bonne fortune de rencontrer un créole de la Réunion qui habite le pays depuis quelques années et qui s'empresse de me faire connaître les motifs de ma défaveur. J'apprends par lui que je dois à ma qualité de Français la vilaine case qui m'a été donnée comme logement. « Si vous étiez Anglais, me dit-il, vous seriez mieux reçu. » Fort de ces renseignements et bien décidé à faire respecter ma nationalité dans la faible mesure de mes moyens, je quitte mon compatriote. A peine dans la rue, je suis fortement coudoyé par un indigène qui venait en sens inverse. Je m'empresse de lui rendre sa politesse par un vigoureux coup de poing que je me prépare à assaisonner de quelques passes de boxe. Mais quelle n'est pas ma surprise, quand je vois ce grand diable s'éloigner sans la moindre protestation. Il m'a certainement pris pour quelque ministre de l'Intérieur en disponibilité... Quoi qu'il en soit, j'étais tout fier : la France était vengée.

Cet incident s'étant produit dans la rue principale, près du marché, avait eu pour témoins de nombreux indigènes, dont les plus curieux, sans doute, me font escorte jusqu'à ma case. Arrivé là, je déclare au *commandeur*, qui servait d'interprète, que j'entendais, comme le premier Anglais venu, avoir un logement convenable et que je refusais de conserver plus longtemps le taudis qui m'avait été assigné. Je

FORÊT D'ANALAMAZAOTRA (Passage d'un torrent).

l'invitais en même temps à se rendre auprès du Gouverneur pour lui faire part de mes protestations énergiques. Mon attitude, parfaitement décidée, me valut l'honneur d'être logé chez le curé malgache qui me reçut avec la plus grande affabilité et me présenta à sa famille. Après le déjeuner, je me rends, en compagnie du sergent Salomon et toujours suivi d'une foule de curieux, où les enfants sont en majorité, chez le créole de la Réunion pour prendre une tasse de thé et le remercier de ses bons offices.

Je trouve la physionomie de mon interlocuteur tellement bizarre que je ne puis résister au plaisir de le présenter.

Delphin, pour l'appeler par son nom, n'est pas un produit indigène. Comme je l'ai dit plus haut, il est venu, un beau jour, de la Réunion, s'échouer sur la grande île, on n'a jamais su ni pourquoi ni comment. Il est petit, malingre et desséché comme une vieille momie, quoique à peine âgé de quarante ans. Ses jambes fourbues et grêles semblent supporter à grand'peine son corps étique et comme affaissé sur lui-même. Le teint général de sa personne, déjà naturellement coloré par l'union des races disparates qui ont collaboré à sa naissance, est encore assombri sur les parties apparentes par les brûlantes caresses du soleil tropical. Une chevelure et une barbe incultes encadrent d'un bandeau noir et sale son visage amaigri et percé, de chaque côté d'un nez effilé, de deux petits yeux, brillant d'un éclat fugitif, enchâssés dans des paupières étroites, presque immobiles, hérissées sur tout leur contour de cils rares et clairsemés dans des cristallisations jaunâtres et malpropres.

Le costume du personnage contribue, du reste, à lui donner une tournure plus qu'originale. Le buste est emprisonné dans une espèce de veste dont la blancheur ne fut qu'éphémère, tandis que de la taille, une large mauresque, aux couleurs criardes et défraîchies, retombe en cascades irrégulières sur des chaussons en loques laissant voir, par des déchirures sans nombre, les pieds terreux et décharnés. Le tout est surmonté d'un vaste chapeau malgache aux teintes douteuses, dont les bons et loyaux services sont marqués extérieurement par un large ruban de crasse longuement accumulée sur les points de contact de ce majestueux couvre-chef avec le crâne suant de son heureux propriétaire.

Malgré cet air peu engageant, Delphin a pu trouver une compagne et vit avec une femme malgache qui prend soin de son ménage et lui sert d'intermédiaire pour son petit commerce.

Sa case, assez confortable pour l'endroit, est surélevée de cinquante centimètres au-dessus du sol. Le plancher est en bois ainsi que la case elle-même ; les cloisons sont en bambous tressés. Une des salles — il y en a deux seulement — lui sert de boutique ; on y trouve quelques pièces de toile américaine écrue et quelques coupons d'indienne disposés sur des planches servant d'étagères. Dans des boîtes en fer blanc dont le couvercle est relevé, sont étalés quelques miroirs, des verroteries, divers objets de quincaillerie très ordinaires ; puis, sur une caisse, quelques bouteilles de vermouth, absinthe, etc., et dans un coin une barrique de rhum en vidange. L'autre salle constitue ses appartements privés. Rien de plus simple : un lit indigène sans drap, à la créole, recouvert simplement d'un tapis d'indienne et muni d'une demi-douzaine d'oreillers ; quatre chaises, une table ; dans un coin, une série de bouteilles de tous formats ; enfin, suspendues aux cloisons, quelques images d'Épinal, des réclames d' « Amer Picon », etc.

A midi, nous nous remettons en route. Nous marchons pendant trois grandes heures dans une plaine aride, sous un soleil de plomb. Pas un arbre pour nous abriter. Nous traversons, à une heure vingt, le petit village d'Andranokobaka perdu au milieu de la plaine de Moramanga.

Le paysage change tout à coup. Nous franchissons quelques monticules couverts de bois ombreux, et nous atteignons, vers quatre heures de l'après-midi, les bords du Mangoro. C'est une rivière d'environ soixante à soixante-dix mètres de largeur, qu'il faut passer avec la plus grande prudence sur de légères pirogues, car nos écrevisses d'Europe y sont remplacées par de magnifiques caïmans qui ne demandent qu'à nous happer au passage. Cinq minutes suffisent heureusement pour gagner la rive opposée. Nous quittons le village d'Andakana situé sur les bords du Mangoro et nous nous engageons dans la montagne d'Anjomakely. Nous traversons le village du même nom et, à cinq heures et demie, nous faisons notre entrée à Ambodinifody, situé à neuf cent vingt-deux mètres d'altitude, où nous devons passer la nuit.

Pendant la journée, j'ai remarqué plusieurs plantations assez florissantes de cannes à sucre et de caféiers. En maints endroits, j'ai aperçu des framboisiers sauvages et des immortelles qui, quoique simples, ont la même odeur pénétrante que nos immortelles de Provence. Dans la matinée, en traversant les bois, nous avons entendu un tel vacarme, qu'on aurait pu croire que nous avions autour de nous une bande d'écoliers faisant à grands fracas l'école buissonnière. C'était une troupe de *makis* qui se livraient à leurs joyeux ébats. Nos porteurs ont pu en capturer deux que j'ai ramenés avec moi en France.

Le lendemain, nous nous remettons en route à cinq heures du matin. Pendant une heure, nous longeons la rive droite d'un affluent du Mangoro; à gauche et à droite, s'étendent de fort belles rizières. Je constate que les terres sont mieux cultivées; je remarque de nombreux *ambiaty (veronia appendicutata)* dont la floraison sert à déterminer la saison des semailles du printemps, des néfliers sauvages, etc. Autour des villages, des plantations de cannes à sucre, des bananiers, des caféiers et quelques pêchers.

A huit heures, nous traversons le petit village de Sabotsy (huit cent quatre-vingt-dix-sept mètres d'altitude), construit sur une éminence. Les terrains qui l'entourent sont en bon état de culture; de magnifiques troupeaux de bœufs paissent dans la plaine qui est immense. Je remarque une plantation de thé, des ananas, des citronniers, des acacias, des fraisiers sauvages. Devant nous se dresse la chaîne de montagnes de Mandarahatra.

A Ambodinangavo, où les *bourzanes* s'arrêtent pour prendre leur premier repas, nous voyons, en passant, de superbes néfliers et des mûriers. Nous nous remettons en route et, peu après, nous traversons une forêt et plusieurs cours d'eau. Un simple tronc d'arbre jeté en travers, d'une rive à l'autre, nous sert de pont pour franchir un ruisseau assez profond. Nous gravissons la pente raide du mont Angaro et nous nous trouvons à mille deux cent quatre-vingt-quatre mètres d'altitude. A dix heures, nous sortons de la forêt, et quelques instants après nous arrivons au village d'Ankeramadinika (mille quatre cent vingt-six mètres d'altitude), bien choisi pour la grande halte du déjeuner. C'est le premier village que l'on rencontre en pénétrant dans la province d'Imérina.

La construction des habitations n'est plus la même. Les cases en bambous ou en bois sont remplacées par des maisons, primitives il est vrai, mais dont les murs sont faits avec des briques séchées au soleil : les toitures seules sont en paille. Les cheminées sont inconnues dans le pays ; elles y sont remplacées par un foyer, composé de trois pierres formant trépied, placé dans un coin de l'habitation qui est envahie par la fumée dès qu'on y allume du feu. Les indigènes n'en paraissent nullement incommodés.

Les Hovas forment les quatre cinquièmes de la population de ce village.

A midi, par un beau soleil, nous reprenons notre route. Le sol est, ici, composé d'argile rougeâtre, complètement nu et recouvert seulement d'un maigre gazon. Aussi loin que la vue peut s'étendre, on n'aperçoit que des terrains identiques dont la monotonie n'est troublée que par de grands éboulis d'argile.

En sortant d'Ankeramadinika, nous trouvons, sur le versant d'un coteau, une habitation européenne qui appartient à une famille anglaise.

Le sentier est moins mauvais que celui que nous avons parcouru tous ces jours-ci, et c'est avec un véritable plaisir que je descends de mon *filanzane* pour continuer la route à pied pendant toute l'après-midi, ce qui me repose des cahotements du véhicule primitif qui m'a transporté jusqu'ici.

Le temps est magnifique. A chaque instant, nous rencontrons de superbes troupeaux de bœufs. Nous arrivons, à deux heures, à Manjakandriana, grand village hova, d'assez bel aspect. Le pays est toujours nu et rouge : maisons, champs, sol, tout est rouge ; pas un seul arbre. Nous traversons Ambohibehasina (mille cinq cent vingt-trois mètres d'altitude), à deux heures et demie. La population semble devenir plus dense. De nombreux villages couronnent les hauteurs des environs de la route. A cinq heures, nous atteignons le village de Maharidaza, à mille quatre cent soixante-douze mètres d'altitude, où nous devons passer la nuit.

Ce village est entouré d'un immense fossé, large de trois mètres environ, et profond de quatre mètres : c'est une petite place de guerre. La population, composée de Hovas, me paraît nombreuse, et nous voyons les femmes travaillant à la terre, tandis que les hommes passent la journée accroupis devant leurs cases. Les gamins, vêtus du costume de la Vérité ou d'une simple bande d'étoffe serrée autour des reins, m'examinent avec curiosité pendant que je me promène dans les quelques rues qui traversent le village. Je suis escorté d'une véritable bande d'enfants des deux sexes qui se sauvent dès que je veux les approcher. Cependant, un d'entre eux, plus audacieux que les autres, consent à me serrer la main. Cet acte de courage surprend ses camarades. Je l'en récompense par un petit cadeau.

Toutes les nuits précédentes, j'avais été importuné par les cris des volailles, canards et autres animaux qui couchent dans les cases, pêle-mêle avec les indigènes. Cette fois-ci, j'ai dans mon voisinage des vaches avec leurs veaux qui, pendant toute la nuit, font un vacarme épouvantable et m'empêchent de dormir. Je réussis, néanmoins, à me reposer quelques heures, et le lendemain, 17 septembre, nous nous remettons en route, à quatre heures et demie du matin, par un vent glacial qui m'oblige à m'envelopper dans ma couverture de voyage. Le soleil paraît à l'horizon à six heures et vient nous réchauffer de ses tièdes rayons qui sont les bienvenus.

De Maharidaza à Ambohimalaza, la route est toujours très accidentée ; ce ne sont que mamelons et vallées dans lesquelles coulent fréquemment quelques petits ruisseaux, presque tous affluents de l'Ikopa. Dans le lointain, à droite et à gauche, quelques cases entourées de murs en terre. La végétation est loin d'être luxuriante : des rizières au fond des vallées et quelques manguiers poussant péniblement sur les coteaux composent toute la flore de la région.

Cependant Ambohimalaza est là, entouré de son immense fossé qui était destiné jadis à protéger les habitants des attaques de leurs voisins. La ville est fermée par une feuille de granit de grandes dimensions roulant entre le mur d'enceinte et deux pierres hautes formant piliers. On y accède à l'aide d'une pierre jetée sur le fossé en pont improvisé. Quelques manguiers et des lilas du Japon constituent la végétation de l'ancienne capitale du prince Andrianjaka.

Les habitants d'Ambohimalaza sont bien connus à Madagascar pour leurs aptitudes commerciales. Plus hardis et plus intelligents en affaires que leurs compatriotes, ils traitent eux-mêmes et directement avec les grandes maisons à Tamatave, et tiennent dans l'intérieur de la grande île un très bon rang comme importateurs.

Nous traversons Andraisoro après avoir passé Ambatomaro. Ce dernier village est remarquable par la quantité de rochers dont le sol est parsemé.

Le chemin monte pour redescendre immédiatement, mais en pente relativement douce, car nous longeons les flancs des coteaux.

A neuf heures, nous apercevons Tananarive.

La capitale de l'Imerina qui nous était apparue au loin, tantôt cachée par des mamelons, tantôt sortant brusquement, s'étage alors devant nous et offre à nos yeux un aspect des plus curieux.

Cette ville, située dans une position unique au monde, est bâtie sur plusieurs collines élevées de cent mètres environ au-dessus des vallées qui l'entourent. Deux édifices, vivement éclairés par un soleil radieux et se détachant sur un ciel d'une limpidité parfaite, frappent nos regards ; ce sont : le palais de la Reine et celui du premier ministre.

Enfin, à dix heures, nous arrivons. Je me sépare de mon compagnon de route, le sergent Salomon, que ses collègues de l'escorte étaient venus chercher.

Je pénètre dans la capitale par le côté Est. Il me faut, pour entrer en ville, gravir un sentier escarpé taillé dans le flanc rocheux de la montagne. Après avoir suivi pendant quelques instants une ruelle étroite, je débouche tout à coup sur la place d'Andohalo, presque au centre de Tananarive : je descends la grande rue qui traverse la ville et qui conduit au palais de la Reine ; enfin, après quelques minutes de marche, j'atteins le seul et unique hôtel qui existe à Tananarive.

V

Me voici enfin au terme de mon voyage. Je n'en suis pas fâché. En effet, le mode de locomotion employé pour voyager à Madagascar est des plus fatigants. Juché sur les épaules de quatre porteurs qui vous ballottent à travers le pays malgache, on ressent tous les inconvénients d'un voyage en mer. Mais toutes ces fatigues me paraissent cesser comme par enchantement devant la perspective d'un repos assuré et surtout bien mérité.

L'hôtel que je dois habiter, décoré encore, comme celui de Tamatave, du nom prétentieux d'*Hôtel d'Europe*, serait tout au plus une misérable auberge dans le pays dont il porte le nom. J'y pénètre par une petite porte et, après avoir descendu cinq ou six marches, je tombe brusquement dans une cour, assez sale, peuplée de chiens de toutes races qui m'accueillent par des hurlements qui n'ont rien d'hospitalier. A ma droite, trois cases affectées aux divers services de l'hôtel ; à ma gauche, une case isolée. C'est celle qui m'est destinée. L'hôtelier auquel j'étais recommandé par un ami de Tamatave, me précède, et après m'avoir installé dans mon nouveau domaine, me laisse à mes réflexions. L'ameublement est tout à fait primitif, mais il ne m'en faut pas davantage. Je saurai, à la rigueur, me contenter du lit qui orne ma chambre. Et quel lit ! De fabrication toute malgache, laissant, quant au confortable, largement à désirer.

L'hôtelier, que j'eus, à la longue, le loisir d'observer pendant mon séjour, est un type vraiment curieux. Dépassant la cinquantaine, court sur ses jambes, quelque peu obèse, un brave homme plein de rondeur et de bonhomie, assez simple d'esprit, il caractérise le personnage dépeint par Daudet dans *Tartarin de Tarascon*. D'ailleurs, c'est un enfant de la Provence. A l'entendre causer, il a tout fait à Madagascar : si M. Le Myre de Vilers l'avait écouté, que de choses merveilleuses auraient été accomplies dans ce pays ! Il voit tout, il sait tout, rien ne lui est inconnu ; la politique coloniale elle-même n'a pas de secret pour lui. Ah ! Monsieur le résident général, que vous êtes coupable de n'avoir pas écouté et suivi ses sages conseils ! Aujourd'hui, le premier ministre hova serait à notre merci.

Bref, si un jour la race des Tartarins venait à disparaître de notre beau pays de France, j'ai la conviction d'en retrouver un superbe spécimen à Tananarive.

Pendant toute la durée de mon séjour dans la capitale, je demeurai chez lui et n'eus, en somme, qu'à me louer de son amabilité à mon égard, ce qui surprit beaucoup mes compatriotes qui l'avaient abandonné à cause de son caractère grincheux et emporté. Ce brave hôtelier, qui se nomme Salomon, est légendairement connu, à Madagascar, des Européens et même des Malgaches, et surtout des *bourzanes* qui lui ont donné le sobriquet de *Bémofo* (1) qui signifie « gros pain ».

Je passe la matinée à m'installer de mon mieux, et dans l'après-midi je me rends à la Résidence, pour faire visite à M. Bompard, résident général, à qui je remets la lettre de recommandation de M. Ribot, ministre des Affaires étrangères, et celle du Président de la Société des Études maritimes et coloniales de Paris. Je fais également visite à M. Daumas, un com-

(1) " Bémofo " ayant beaucoup voyagé, je lui ai donné, pendant mon séjour à Tananarive, le sobriquet de " Père Tropique ", sobriquet qui lui a été conservé et sous lequel il est maintenant connu.

patriote, consul et adjoint au résident général; à M. Campan, consul de France; à l'aimable capitaine Lavoisot, de l'infanterie de marine, détaché provisoirement au service du Gouvernement malgache. Partout je trouve le meilleur accueil. M. Raybaud, élève-interprète à la Résidence, un Toulonnais, avait eu l'extrême obligeance de venir me voir et se mettre à ma disposition. Grâce à lui, toutes mes visites peuvent être faites dans la journée et c'est avec le plus grand plaisir que je rentre chez moi pour dîner et m'allonger immédiatement dans un lit malgache, ce qui ne m'était plus arrivé depuis mon départ de Tamatave.

Le lendemain, je congédie les hommes de mon escorte, en ayant soin, toutefois, de conserver quatre *bourzanes,* attendu que, même dans l'intérieur de la capitale, les rues sont tellement accidentées et escarpées qu'il est à peu près impossible d'aller à pied. En outre, il est d'usage de se servir constamment du *filanzane.* Le *vazaha* qui possèderait des jambes d'airain et voudrait marcher, ne serait nullement considéré par les Hovas.

Par l'intermédiaire de M. Raybaud, j'ai eu le plaisir de faire la connaissance de MM. Berthier, Guédès, Bech, tous Toulonnais et attachés à la Résidence générale. Tous ont été charmants pour moi pendant la durée de mon séjour à Tananarive.

Le samedi, il y avait réception et bal à la Résidence. Une invitation m'avait été adressée. Les locaux actuels, quoique provisoires, sont très confortables. C'est d'une façon parfaite et avec une grâce toute parisienne que Mme Bompard reçoit ses invités. Toute l'élite de la colonie française, composée d'architectes, d'ingénieurs, d'industriels, de colons commerçants, de notables, se fait un devoir de répondre, tous les mardis, jeudis et samedis, aux invitations de M. le résident général et de Mme Bompard, et de leur donner, par leur présence, la meilleure preuve des sympathies qui les entourent. Après le bal, à minuit, on passe dans la salle à manger. Toutes les dames prennent place à table, les hommes debout ; puis, après avoir fait honneur à un souper froid, dont Chevet lui-même n'aurait pas renié la paternité, on retourne dans la salle du bal. Le cotillon, organisé et conduit par un intrépide danseur, le capitaine Lavoisot, a le charme de retenir les danseuses et danseurs fort avant dans la nuit. Sans la présence de quelques officiers hovas, on se serait cru dans un salon parisien et non au cœur de Madagascar.

En quittant la Résidence, je m'aperçois immédiatement que je ne suis nullement à Paris; car, au lieu de trouver à la porte une confortable voiture, je retrouve mes porteurs qui, guidés par la lumière d'une lanterne, me reconduisent, par les rues sombres et tortueuses de la ville, à mon domicile.

J'eus, durant mon séjour à Tananarive, l'avantage de parcourir un pays tout nouveau pour moi et de recueillir quelques notes sur la capitale de Madagascar et ses environs.

La portion centrale de la grande île où Tananarive est bâtie, connue sous le nom de province *Imérina*, est un vaste plateau situé à une altitude moyenne de mille deux cents mètres, limité au nord par le pays Antsihanaka, à l'est par la province Betsimisaraka, au sud par le Betsiléo et à l'ouest par le pays Sakalava.

Lorsque le voyageur, se rendant à la capitale, arrive sur les hauts plateaux de la grande île, il est tout d'abord impressionné par le contraste frappant qui existe entre l'Imérina et les riches contrées qu'il vient de traverser; d'une part, les fertiles terrains de la côte, et de l'autre les trois bandes de forêts qui longent la côte orientale de Madagascar. A l'exception de quelques bouquets d'arbres qui, suppose-t-on généralement, sont les vestiges de forêts incendiées, l'œil ne se repose que sur des mamelons dénudés où pousse cependant une herbe dure et haute, appelée *bozaka*, et qui sert aux indigènes pour allumer le feu ou cuire les aliments. Il convient d'ajouter que lorsque la situation le permet, les vallées sont généralement cultivées en rizières par un travail intelligent.

On croit qu'à une époque plus ou moins reculée, le pays était boisé, mais que les Hovas, refoulés dans l'intérieur par les peuplades côtières, auraient, dans un but de défense, déboisé les environs des points où ils s'étaient établis, afin de se mettre mieux en garde contre les attaques de leurs ennemis et de pouvoir observer une étendue de terrain beaucoup plus grande.

A voir ces terrains formés d'argile rouge d'où émergent, il est vrai, de nombreux blocs de roches cristallines, il semblerait que la nature s'est complue à affliger l'Imérina d'une stérilité absolue. Il n'en est rien. A la vérité, le terrain ne se prête pas partout à la culture : il y a des parties où sa constitution géologique le condamne à une quasi-stérilité, d'autres où le sous-sol rocheux de la montagne, mis à nu par les pluies, ne saurait entretenir la moindre végétation. Mais dans les vallées, sur les versants un peu abrités, l'humus végétal atteint des épaisseurs considérables, et là, la terre se montre prodigieusement féconde. Par un privilège rare, qui tient au climat autant qu'à la disposition des lieux, elle est également apte à nourrir les plantes de la zone tropicale et presque toutes celles de la zone tempérée.

Nous parlerons d'abord de celles qui trouvent leur principal emploi dans l'alimentation.

Le riz est la plus importante de toutes. Le Hova a su intelligemment tirer parti de ce que la nature lui avait donné. C'est ainsi qu'il a su transformer en rizières les plus petites vallées de sa propriété : si l'eau lui fait défaut, il l'amène à l'aide de canaux. On peut le voir travaillant sa rizière, remuant d'abord le sol au moyen d'un *angady* (espèce de bêche), en tirant d'énormes mottes qu'il empile les unes sur les autres pour les exposer aux rayons bienfaisants du soleil. Puis, il brise sa terre, arrose sa rizière et sème son riz qui est ensuite repiqué, lorsqu'il a atteint une certaine hauteur, dans les rizières voisines travaillées, au préalable, de la même façon.

On remarque, à l'ouest de Tananarive, une

vallée immense arrosée par la rivière Ikopa et connue sous le nom de Betsimitatatra. Cette vallée, qui a trois à quatre kilomètres de largeur sur une longueur de vingt-cinq kilomètres au moins, est entièrement cultivée en rizières. En divers points, émergent de cette plaine des îlots couverts d'arbres où sont bâties des cases qui servent de demeure à une population assez nombreuse.

Betsimitatatra était jadis un immense marais probablement toujours inondé par l'Ikopa — dont le niveau moyen est actuellement un peu plus élevé que celui de la plaine — et, sans doute, un foyer de fièvres pernicieuses. C'est à Andrianampoinimerina, fondateur de l'unité hova, que le pays doit les immenses travaux d'endiguement de l'Ikopa que l'on admire encore aujourd'hui et qui ont permis de transformer en rizières fertiles les marais malsains d'autrefois, et par suite d'enrichir et d'assainir la région.

Les indigènes récoltent un riz de bonne qualité, qui se consomme en grande partie sur place : le surplus de la production est exporté.

Après le riz vient le manioc, dont la culture n'est pas moins perfectionnée, puis l'ambrevade, la patate, l'igname et le saonjo, qui n'est autre que le *taro* des Polynésiens.

Les Européens ont fait quelques tentatives, couronnées de succès, pour acclimater sur les hauts plateaux, là où l'altitude permet de compter sur une chaleur modérée, plusieurs des céréales et des légumes de notre hémisphère. Le blé, introduit dans l'île il y a une trentaine d'années par Laborde, s'est très bien trouvé de cette transplantation. Malheureusement, on n'en sème que très peu ; les indigènes n'ont pas assez d'expérience, ils ne disposent pas d'instruments assez perfectionnés, pour se livrer volontiers à une culture qui exige, en somme, beaucoup de soins. Quoi qu'il en soit, l'expérience est faite ; il est démontré aujourd'hui que l'Imérina peut produire d'excellent blé. Le maïs, la pomme de terre, le haricot, le pois du Cap ont de même parfaitement réussi.

On a essayé, d'autre part, de créer quelques vignobles ; l'entreprise a donné des résultats satisfaisants. Les terrains choisis ont été plantés avec des ceps de diverses origines ; les uns venaient du Cap, d'autres de France, d'autres d'Amérique. Ce sont ces derniers qui jusqu'à présent paraissent mériter la préférence.

Nous passons maintenant aux denrées qu'on est convenu d'appeler coloniales. La canne à sucre doit être mentionnée en première ligne : elle a été importée à Madagascar par des planteurs de la Réunion et de Maurice, qui ont créé en divers endroits de l'île d'importantes exploitations. Elle vient à merveille. On peut la couper jusqu'à quinze fois, tandis que dans les Mascareignes, après trois coupes, il faut renouveler les plants. Son rendement en matière sucrée atteint des proportions surprenantes : on a obtenu, m'a-t-on dit, des rendements de onze à douze mille kilogrammes à l'hectare. Encouragés par ces résultats, de riches Malgaches ont entrepris de monter des sucreries pour leur compte. Le premier ministre en a fait établir une à Mahasoa, près de Tamatave.

Le caféier réussit parfaitement, mais les indigènes le cultivent mal. Les quelques Européens qui l'exploitent avec de meilleurs procédés en tirent de beaux profits. Dans une plantation bien tenue, chaque pied rapporte, en moyenne, de un à deux kilos par an. C'est, comme on le voit, une culture faite pour tenter bien des personnes. A l'exportation, le quintal de café se vend de soixante-cinq à soixante-quinze francs.

Il existe quelques plantations d'arbres à thé, qu'on pourrait développer avec avantage. Le sol s'y prête ainsi que la température ; mais il faudrait perfectionner les méthodes d'entretien et surtout celles de préparation. Je me souviens d'avoir entendu émettre l'idée qu'il conviendrait d'attirer dans l'île quelques immigrants chinois qui feraient l'éducation des gens du pays.

D'autres arbres ou arbustes exotiques semblent s'accommoder à merveille du climat de Madagascar : tels sont, par exemple, le cacaoyer, le vanillier, le giroflier. Ce dernier n'a été apporté dans l'île que tout récemment. Le muscadier, le poivrier, qu'on trouve en abondance dans les Mascareignes, auraient sans doute le même succès.

Le tabac se cultive à peu près partout. Il est de qualité moyenne. On améliorerait aisément la production en choisissant avec plus de soin les espèces, et en employant des procédés d'apprêt plus judicieux. Certaines personnes pensent que le tabac de Madagascar pourra lutter un jour avec celui d'Amérique. Je ne saurais dire si leur espérance est fondée : en tous cas, cette culture est certainement susceptible d'une exploitation lucrative.

L'indigotier est très répandu ; depuis longtemps, les Malgaches connaissent les propriétés tinctoriales de ses feuilles et les utilisent dans la fabrication des étoffes.

Une espèce particulière d'arachide, peu diffé-

TANANARIVE (Vue prise du nord de la ville).

rente de celle du Sénégal, fournit à la fois une huile et une substance comestible très appréciée des habitants. Tous les terrains lui sont favorables, mais elle fructifie surtout dans le fond des vallées ou dans le voisinage des marais, c'est-à-dire dans les terres humides. Or, on sait qu'il n'en manque pas à Madagascar. Je suis persuadé que c'est un produit de grand avenir.

Les plantes textiles sont nombreuses. Je citerai d'abord le cotonnier. Le climat de l'intérieur lui convient peu; aussi, est-ce surtout au bord de la mer qu'on le rencontre. Ensuite viennent : la ramie, encore peu connue, mais qui réussit parfaitement ; l'aloès, employé en grand pour la sparterie; le rafia, dont il s'exporte chaque année de grosses quantités; enfin l'anana sativa et l'abaca ou *chanvre de Manille*. Il faut y ajouter le raofla et le ravenala, arbres dont les fibres et les feuilles servent à confectionner certaines étoffes grossières. Le chanvre, importé d'Europe et très bien acclimaté, donne des produits recherchés par les tisserands malgaches.

La capitale du royaume hova, qui compte environ quatre-vingt mille habitants, est bâtie sur une colline d'origine primaire, gneiss, etc., parsemée cependant de roches éruptives. Cette colline, de trois kilomètres de long environ, est élevée de cent cinquante mètres au-dessus des vallées environnantes, et le point culminant — le palais de la Reine — est à mille quatre cent trente-six mètres au-dessus du niveau de la mer.

Tananarive contient plus de trente mille maisons en pisé ou en briques séchées au soleil; la plupart de ces habitations possèdent un étage. Les cases en bois sont excessivement rares et celles en roseaux sont en voie de disparaître.

La terre argileuse de l'Imerina fournit des briques d'assez bonne qualité que les indigènes se contentent, en général, de faire sécher au soleil et qu'ils emploient à la construction de leurs demeures. Jusqu'ici, le prix élevé du bois n'avait pas permis de fabriquer couramment de la brique cuite; mais depuis quelque temps, on utilise comme combustible, la tourbe que l'on retire du sous-sol des rizières de Betsimitatatra et qui revient à très bon compte. De nombreux fours, de construction très primitive il est vrai, fonctionnent maintenant dans les environs de la capitale et fournissent des briques en grande quantité et des tuiles d'assez bonne qualité.

Les Hovas utilisent aussi la terre de leur pays pour faire des murs de clôture suffisamment solides, de construction très simple et d'un bon marché remarquable. Ils pétrissent pour cela de l'argile qu'ils disposent en couches de trente à quarante centimètres de hauteur et d'épaisseur variable : quand une première couche est sèche, ils en mettent une seconde au-dessus, de la même manière, et ainsi de suite jusqu'à ce que le mur ait atteint la hauteur voulue. Qu'elles soient simplement séchées au soleil ou cuites au four, les briques sont, en général, reliées entre elles par un mortier composé d'argile et suffisamment liquide pour servir de ciment. La chaux, qui est très rare et coûte, par suite, fort cher, n'est employée que pour cimenter les joints des briques à l'extérieur des maisons.

Le palais de la Reine, primitivement construit en bois sous la direction de notre compatriote Laborde, a été modifié et reconstruit en partie en 1868 par l'Anglais Cameron. Ce dernier a conservé le corps de l'édifice, mais il a remplacé la véranda en bois qui existait jadis par une série de trois balcons superposés faisant le tour du palais, formés d'arcades reposant sur des colonnes couronnées de chapiteaux corinthiens. L'ensemble est encadré par quatre tours carrées. La toiture en bardeaux (espèces de lattes en bois remplaçant les tuiles), comme celles de toutes les maisons royales, est ornée d'un énorme *voromahery* (falco communis) en bronze. Le palais est bâti au bord d'un grand rocher à pic nommé Ampamarinana, véritable roche tarpéienne, d'où l'on précipitait les gens accusés de sorcellerie. Il est placé sur le point le plus élevé et domine Tananarive. Une espèce de palissade l'entoure. On y accède par une porte voûtée aux côtés de laquelle se trouvent deux petites guérites destinées à abriter deux soldats de la garde royale, ayant un accoutrement qui n'a rien de martial. Cette porte est surmontée, comme la toiture du palais, d'un *voromahery* (épervier royal) en bronze, emblème de la force.

En pénétrant dans la cour, on rencontre d'abord à gauche une construction en bois qui porte le nom de *Tranovola* (maison d'argent). Elle ne possède qu'une salle dont les murs sont badigeonnés de fresques de fort mauvais goût. Au milieu de cette salle se trouve une énorme colonne en bois qui soutient la toiture de l'édifice et qui est entourée à la base d'une table ronde sur laquelle sont exposés une foule d'objets disparates. A côté de très beaux vases artistiques, bronzes, etc., on constate la présence d'objets qui ne seraient nullement déplacés dans un bazar à treize sous. Dans un angle, le *filanzane* de la Reine.

En sortant de *Tranovola*, on aperçoit, à sa droite, de grands tombeaux devant lesquels les Hovas ne passent jamais sans se découvrir : ce sont les tombes des anciens rois de Tananarive. On arrive ensuite devant le grand palais dont nous avons décrit plus haut l'aspect extérieur. C'est dans l'intérieur de ce monument que se trouve la salle du trône. Elle est fort simple; les murs sont tapissés d'un papier rouge et or. Le trône, représenté par un magnifique fauteuil placé sur une estrade, est situé sur l'un des panneaux. Au milieu de cette salle, qui a de douze à quinze mètres de côté, se trouve également un énorme pilier en bois soutenant la toiture de l'édifice.

En contournant le palais et en regardant vers le sud, on a devant soi un panorama admirable. A ses pieds, se déroule la plaine immense de Betsimitatatra, toute en rizières, limitée par la rivière Ikopa. Dans le lointain, apparaît le massif brumeux de l'Ankaratra, qui est le point culminant de Madagascar et qui peut être regardé comme le centre du système orographique de l'île. Le sommet le plus élevé de ce massif est le Tsiafajavona (deux mille six cent trente-deux mètres d'altitude). C'est au nord-est de l'Ankaratra que prend naissance l'Ikopa, principal affluent de la Betsiboka qui se jette dans le canal de Mozambique par un large estuaire, appelé baie de Bombetoka, dans laquelle est bâti le port de Majunga. C'est dans le bassin de l'Ikopa, et notamment dans sa partie supérieure, que sont comprises les villes les plus remarquables de l'Imérina, soit par le nombre de leurs habitants, soit par les souvenirs qu'elles rappellent dans l'histoire hova. C'est dans un de ses méandres qu'est bâtie Tananarive. La rivière reçoit sur son parcours un nombre considérable d'affluents plus ou moins importants. Malheureusement, les rapides et les cascades l'empêchent d'être navigable ; ce serait, sans cela et grâce à la Betsiboka que l'on remonte sur un parcours considérable, une excellente voie de pénétration sur les hauts plateaux.

Les lacs sont en assez grand nombre dans l'Imérina ; mais le principal est le lac Itasy. Il sert de déversoir à des cours d'eau nombreux mais de minime importance.

Au centre de la plaine de Soanierana, au sud de la ville, on aperçoit le palais construit par le roi Radama II, sur un terrain entièrement rapporté. Soanierana, en effet, était jadis un marais qui a été comblé avec des matériaux retirés de la colline d'Ambohijanahary. L'aspect de ce palais n'a rien de grandiose, ni d'architectural ; il est en bois et recouvert en zinc. On croirait voir une halle ou un marché quelconque.

Au sud et à peu de distance du palais de la Reine, on remarque un édifice également en bois ; il porte le nom de Tsiazompaniry. C'est la résidence du chargé d'affaires avec les étrangers, et c'est là que, toutes les années, après le *fandroana* (fête du bain), les *vazaha* convoqués par la Reine se réunissent pour assister à un repas malgache appelé *Jaka* et auquel la Reine ne prend pas part.

En descendant la ville du côté nord, on passe devant le bureau télégraphique, puis on rencontre le Palais de justice. C'est un bâtiment assez curieux, de forme rectangulaire, ayant environ dix-huit mètres de longueur, sur neuf mètres de largeur. Il ne possède sur un côté qu'un seul mur contre lequel est installée une estrade sur laquelle sont disposés des bancs en bois pour les magistrats. La toiture, d'un assez bel aspect, repose sur une série de colonnes d'ordre toscan, qui occupent trois côtés de l'édifice. Les intervalles des colonnes sont remplis par une barrière à claire-voie, en bois, de un mètre de hauteur environ, de sorte que le peuple peut assister de l'extérieur aux différents procès qui se déroulent devant la cour.

A quelques mètres du tribunal se trouve le palais du premier ministre, construit par un architecte anglais, M. Pool. C'est une énorme construction en briques séchées au soleil, mesurant une quarantaine de mètres de côté. Cet édifice, encadré par quatre tourelles, a pour toiture un immense dôme vitré qui éclaire tout l'intérieur du palais.

On arrive ensuite, par une pente assez raide, sur la place d'Andohalo où ont lieu les grandes assemblées du peuple. En débouchant sur la place et en face, on remarque un temple anglican inachevé : c'est une construction d'un aspect assez lourd.

En quittant la place d'Andohalo, la cathédrale catholique attire l'attention. C'est un superbe édifice d'ordre gothique construit en pierres de taille. L'entrée est flanquée de deux tours d'environ trente mètres de hauteur, du plus bel effet. La nef principale est très grande et l'intérieur est brillamment décoré. Devant la cathédrale se trouve un petit lac alimenté par des sources qui jaillissent du sol. Il existe plusieurs lacs du même genre sur le sommet de Tananarive.

On rencontre ensuite une batterie de vieux canons, couchés sur le sol, qui domine la plaine de Betsimitatatra, et on arrive à l'*Hôtel d'Europe*, situé dans la principale artère de la ville, qui conduit au palais de la Reine, et qui fait le pendant de l'avenue de l'Opéra à Paris ou de la Cannebière à Marseille. C'est une rue impraticable, pavée avec des espèces de dalles arrondies et bossuées, formant des cloaques et des fondrières d'où l'on est très heureux de se tirer en n'ayant qu'une épaule démise ou les chaussures en lambeaux, si l'on a été assez téméraire de sortir sans son *filanzane*.

A l'autre extrémité de cette rue, se trouve la place où se tient le marché du vendredi *(zoma)*, le plus important de la contrée. Nous ne parlerons pas des petits marchés qui ont lieu aux environs de Tananarive et qui portent invariablement le nom du jour de la semaine où ils sont tenus. Celui du vendredi se caractérise par une affluence de monde considérable. C'est la réunion de tous les gens de la contrée : paysans et citadins amènent des bœufs et apportent du riz, des tissus et autres produits des industries malgache et européenne. Jadis on y vendait des esclaves en public. Cette immense place est couverte de petites constructions d'environ deux mètres de hauteur et recouvertes de toitures en paille, simplement soutenues par un piquet à chaque angle. C'est là qu'est mis en vente ce qui constitue le commerce de l'Imérina. On y trouve aussi des victuailles de toutes sortes — tout à très bon marché — volailles, viande de bœuf, de porc que, par suite d'une ancienne coutume, on ne doit pas entrer vivant dans la capitale. On y vend également des sauterelles et des chrysalides de vers à soie dont les indigènes se délectent.

A l'ouest du marché du *zoma,* est situé le quartier d'Ambohitsarohitra. C'est dans ce quartier que se trouve la concession française dans laquelle est bâti l'hôtel de la Résidence générale. Dans son enceinte, la caserne de l'escorte, quelques maisons et le palais en construction du résident général appellent l'attention.

En poursuivant la promenade du côté sud, on arrive sur les bords du lac Anosy, au milieu duquel est situé un petit îlot relié par une digue à la terre ferme, et sur lequel on a construit le palais d'été de la Reine, qui sert actuellement d'arsenal.

C'est là que commencent les immenses rizières de Betsimitatatra : tout d'abord on doit signaler la rizière de la Reine, qui se distingue surtout parce qu'elle est moins bien cultivée que les autres.

Au pied de la colline, sur laquelle s'élève le palais de la Reine, s'étend la grande place de Mahamasina qui a plus d'un kilomètre de longueur, et où ont lieu les revues qui précèdent généralement les recrutements qui s'opèrent tous les trois ans. On aperçoit, au milieu, un massif de maçonnerie, de forme circulaire, ayant deux mètres de diamètre et un mètre soixante environ de hauteur. Il est connu sous le nom de « pierre sacrée ». La Reine s'y tient lorsqu'elle veut manifester ses volontés au peuple, et dans les assemblées populaires appelées *kabary*. Au pied de la montagne, se trouvent également une chapelle catholique, l'imprimerie de la mission et une école tenue par les sœurs de Saint-Joseph de Cluny.

En quittant la plaine de Mahamasina et en se dirigeant vers le nord-est au milieu de quartiers très populeux, on atteint Faravohitra, où les Anglais se sont concentrés ; c'est l'endroit le plus agréable de la ville. On y remarque de jolies constructions entourées de jardins anglais, notamment un collège tenu par les missionnaires de la *London Missionnary Society*. En face de cet édifice, se trouve le vice-consulat britannique, et à côté, l'imprimerie de la *Friend's Foreing Mission Association*. La ville présente sur ce versant un aspect très pittoresque avec ses maisons construites en briques et en terre rouge, agrémentées de vérandas élégantes, entourées de jardins plantés de manguiers et de lilas du Japon. On arrive ensuite au pied de la ville. Les maisons y sont jetées, çà et là, sans ordre apparent et réel.

Dans les environs de la capitale, à cinq kilomètres au sud-est, se trouvent le collège d'Ambohipo dirigé par les pères Jésuites, ainsi qu'une exploitation agricole assez étendue. Le collège est convenablement installé, mais l'exploitation m'a paru peu prospère. Le sol est argileux et rebelle à la culture: on aurait dû choisir un emplacement plus favorable.

Dans l'est, à cinq kilomètres également, un ingénieur de nos compatriotes, M. Iribe, a créé une fabrique de chaux et de briques qui marche à souhait. L'Imérina consomme une quantité considérable de briques, la majeure partie des constructions se faisant avec cette sorte de matériaux. Il s'agit donc là d'une industrie de première nécessité, qui forcément doit donner de bons résultats. Lors de ma visite, M. Iribe faisait construire de nouveaux ateliers, où il se proposait d'organiser une fabrique d'objets en poterie. Cette tentative est destinée, à mon avis, à réussir complètement.

A Ivato, village situé à quinze kilomètres environ dans le nord-ouest, un autre ingénieur français, M. Rigaud, dirige une exploitation agricole qui est certainement l'une des mieux comprises de la région. Les terrains ont été complantés en caféiers, il y a deux ans. Le propriétaire s'occupe également d'élevage. Je suis persuadé que son entreprise lui procurera un jour de beaux bénéfices.

Ces trois concessions sont les seules que des Français aient pu obtenir aux abords de la capitale. D'autres de nos compatriotes, M. Ménager, de Nantes; M. Durand, de Paris; M. Delonte, de la Réunion, etc., attendent, depuis près d'un an, à Tananarive, que le Gouvernement veuille bien leur accorder une concession. Les efforts de la Résidence générale n'ont pas encore réussi à faire aboutir leurs demandes. Pendant ce temps-là, on bâtit, sur la place d'Anjoma, une église anglaise, dont le terrain a été donné par la Reine et dont les travaux s'exécutent gratuitement au moyen de corvées ordonnées par le premier ministre.

Je cite, pour mémoire, les vastes établissements que Laborde avait créés jadis à Mantasoa, à trente kilomètres environ de Tananarive, et qui abritaient une sucrerie, une distillerie, une tannerie, une manufacture de céramique, une fabrique d'armes, etc. Ruinés en 1862, pendant la révolution qui suivit la mort de Radama, ces établissements n'ont pas été relevés ; mais les constructions édifiées par Laborde existent encore et attestent ce qu'un Français entreprenant est capable de réaliser dans un pareil pays.

Le service de la voirie et de l'entretien des rues est complètement inconnu dans la capitale de l'Imérina. Les rues ne sont pas éclairées. Chaque soir, à dix heures, on tire un coup de canon : c'est le couvre-feu. Dès ce moment et jusqu'au matin, il est interdit aux indigènes d'allumer du feu et de sortir de chez eux sauf pour cas de force majeure. Les étrangers, bien entendu, peuvent, à toute heure du jour et de la nuit, circuler dans les rues et ont la faculté d'emmener leurs domestiques indigènes. Des soldats, disséminés dans les divers quartiers de la ville, sont chargés de veiller à la sécurité publique. Pour se tenir éveillés, ils ne cessent, pendant toute la nuit, de pousser un hurlement qui, m'a-t-on dit, signifie : « Qui vive ? »

Comme chez tous les peuples, la famille se forme chez les Hovas par le mariage. Ils étaient primitivement polygames ainsi que les autres tribus malgaches, mais une loi, promulguée en 1881 par le premier ministre actuel, a interdit la polygamie dans la grande île.

Vertu, pudeur, chasteté ne peuvent se traduire en malgache, car il n'existe, dans cette langue, aucun mot équivalent. La jeune fille, arrivée à sa nubilité, et même avant, dispose de son corps comme bon lui semble. Elle se donne à qui lui plaît sans que sa famille ou la société y trouve rien de répréhensible ; cela est dans les usages et paraît tout naturel. Si, dans le cours de son existence aventureuse et agitée, elle devient enceinte, cet état, au lieu d'être considéré comme déshonorant, est, au contraire, pour elle, un titre d'orgueil, et c'est avec fierté qu'elle montrera son enfant.

Au moment de son mariage, le ou les enfants qu'elle possède sont acceptés avec joie par le mari qui les considère au même titre que les enfants qu'il aura lui-même de l'union qu'il vient de contracter. D'une façon générale, la femme, une fois mariée, est assez fidèle à son mari ; mais le fait de manquer à ce que nous considérons comme des devoirs conjugaux, n'a pas, à leurs yeux, une bien grande importance.

Il existe chez les Hovas, comme préliminaire au mariage, une curieuse coutume que l'on pourrait appeler « essai du mariage » et que l'on ne rencontre certainement chez aucun autre peuple. On conduit la jeune fille chez le postulant et ce, afin de pouvoir se rendre compte si les conjoints peuvent s'entendre et s'ils conviennent à leurs familles respectives. Ils vivent ensemble maritalement pendant un temps plus ou moins long : l'épreuve terminée, la jeune fille est reconduite chez elle, et la demande en mariage suivra en cas d'agrément réciproque. Dans le cas contraire, les choses en restent là, et chacun a le droit de recommencer ailleurs.

La demande en mariage est faite par la famille du futur à celle de la future. Les questions d'intérêt et autres sont débattues entre elles et, après entente, la célébration du mariage a lieu quelques jours après. En général, les noces sont brillantes et en rapport, bien entendu, avec la fortune des époux.

Les Hovas sont très prolifiques et les familles de douze et quinze enfants ne sont nullement rares. Nombre d'individus sont grands-pères à un âge auquel chez nous on songe à peine à se marier. D'ailleurs, pour les Malgaches, la fécondité dans le mariage est considérée comme une bénédiction du ciel. La stérilité, par contre, qui était, il n'y a pas longtemps encore, un cas de divorce, est en horreur chez ce peuple qui accepte tout pour s'y soustraire, et qui n'hésite pas pour cela à introduire l'adultère au domicile conjugal. Ne serait-ce pas à cette soif de postérité qu'est dû le relâchement inouï des mœurs des Malgaches ?

La loi veut que la fortune de tous ceux qui meurent sans postérité revienne à l'État. C'est là, peut-être, un élément qui pourrait, dans une certaine mesure, expliquer le désir effréné des Malgaches d'avoir des rejetons. Cependant, les conséquences de cette loi peuvent être facilement éludées.

L'adoption qui, dans ce pays, est possible à tout âge et sans condition, en fournit le moyen. En effet, il n'est pas rare de voir des enfants adopter des vieillards, des esclaves adopter leurs maîtres, des roturiers adopter des grands seigneurs, etc. Avec ce système, il arrive ceci : c'est que les gens occupant de hautes situations dans le Gouvernement sont fils adoptifs d'un nombre considérable d'individus qui ne recherchent, au fond, qu'à s'abriter sous leur puissance. Il n'est pas rare aussi d'en voir d'autres, ayant plusieurs pères adoptifs, hériter de fortunes importantes.

La venue d'un enfant est toujours une véritable joie pour la famille, et même ceux de père inconnu sont accueillis avec bonheur. A la naissance du premier enfant, il est d'usage que le père et la mère changent de nom pour prendre celui qu'ils donnent à l'enfant et qu'ils font précéder des préfixes : *rain* (père de) et *reni* (mère de). Ainsi, deux époux ont un enfant auquel ils donnent le nom de *Boto* ; le père changera le nom qu'il avait précédemment et prendra celui de *Rainboto* (père de *Boto*), la mère, celui de *Reniboto* (mère de *Boto*).

Quant à l'éducation de l'enfant, elle est plus que rudimentaire : à sa naissance, la mère le nourrit ou confie même ce soin à des esclaves ; et c'est tout. L'enfant grandit, ses qualités et ses défauts naturels se développent sans contrainte ; tous ses désirs sont satisfaits et ses parents ne sont que les exécuteurs de ses volontés. Il est facile de se faire une idée du résultat d'une pareille éducation.

Dans la famille, chacun possède en propre. Dès que l'enfant arrive à l'adolescence, il sait ce qui lui appartient ; mais la communauté bénéficie et use des biens de chacun de ses membres comme s'ils étaient indivis. La famille reste, d'ailleurs, en dehors du droit commun et suit les usages transmis par ses ancêtres pour tout ce qui regarde son administration. Le père est armé de droits très étendus ; il avait, même, jusqu'à ces dernières années, celui de vendre ses enfants. Après le père, c'est le fils aîné qui a droit au respect de tous. Comme le père peut disposer, comme il l'entend, de ses biens, il arrive fréquemment que des enfants sont favorisés au détriment des autres. Non seulement cet état de choses n'entraîne aucune rivalité, mais encore les favorisés sont toujours respectés par leurs frères et sœurs.

Les Malgaches attachent un très grand prix à l'amour de leurs parents ; aussi, évitent-ils avec soin la malédiction paternelle et font-ils tout ce qui est en leur pouvoir pour ne pas l'encourir. Comme, d'autre part, ils ont un respect absolu pour leurs ancêtres, et que chaque famille possède son tombeau considéré par elle comme une chose absolument sacrée, chaque membre désire ardemment y avoir sa place auprès des siens. La menace d'exclusion d'une place au tombeau est regardée, non seulement comme un malheur, mais comme un déshonneur, si elle était suivie d'exécution. C'est certainement à l'étendue de l'autorité paternelle, à la malédiction du père et à la menace de l'exclusion du tombeau des ancêtres et ce, malgré l'absence totale d'éducation première, qu'il faut attribuer l'esprit d'union qui règne dans la famille malgache.

La plus grande partie de la population de l'Imérina est composée d'esclaves. Le grand nombre de ces derniers tient principalement aux nombreuses guerres que les Hovas ont entreprises au commencement de ce siècle contre les autres tribus de l'île. Ainsi que cela se passe dans tous les pays analogues, les vainqueurs ont utilisé, pour leur service, les vaincus ; puis, ils en ont amené un certain nombre chez eux et les ont gardés en esclavage. Nombre d'esclaves ont été également apportés de la côte d'Afrique ; d'autres enfin ont été vendus par leurs créanciers, pour dettes, ou par leurs familles pour cause d'inconduite.

La richesse des Hovas consiste surtout en esclaves. La majeure partie des hommes libres en possèdent ; quelques-uns en ont mille et plus, ce qui leur constitue une source de très beaux revenus. Les esclaves sont occupés à des travaux très variés, suivant leurs aptitudes et leur goût ; ils sont, d'ailleurs, en général, libres de faire ce qui leur plaît. Les uns s'occupent des soins du ménage, préparent les aliments, etc. ; d'autres font du commerce pour le compte de leurs maîtres ; il en est même qui se distinguent tout particulièrement par leur habileté commerciale ; d'autres encore s'occupent des travaux champêtres et de l'élevage des bestiaux. Ces derniers vivent à la campagne et jouissent d'une tranquillité parfaite ; ils possèdent leurs rizières et leurs bœufs et vivent dans une certaine aisance. Il en est enfin qui font le métier de porteur ; ce sont les plus heureux et les plus enviés de Madagascar. Jeunes tous, ils accomplissent très gaiement de nombreux voyages dans l'île, transportant voyageurs et marchandises ; toujours en fête, ils ne désirent qu'une chose : mener le plus longtemps possible leur existence nomade.

Les esclaves qui ne vivent pas avec leur maître, porteurs ou domestiques employés par les blancs, doivent lui payer une certaine redevance, généralement la moitié de leurs salaires ; ils s'exécutent d'ordinaire de bonne grâce et très régulièrement.

Parmi les diverses classes d'esclaves, on doit mentionner les *Tsimandoa,* qui appartiennent à la Reine et font le service de courriers ; ce sont eux qui parcourent l'île pour porter les lettres et ordres du Gouvernement. Comme ils ne touchent aucune rétribution pour ce service et qu'en leur qualité de courriers de la Reine ils doivent être nourris et hébergés gratuitement dans les villages qu'ils traversent, on les nomme *Tsimandoa,* qui signifie « qui ne paye pas ».

Quand un esclave commet une faute, le maître a le droit de le punir ; il peut le mettre aux fers ou le faire fustiger. Mais il est très rare qu'il ait besoin d'employer des moyens de coërcition. D'un autre côté, on comprend facilement que l'esclave composant la plus grande partie de la fortune du maître, celui-ci a tout intérêt de le ménager et surtout de ne pas le maltraiter, car il s'exposerait à le voir s'enfuir et à perdre ainsi une partie de son avoir.

Les esclaves fugitifs sont cependant assez

nombreux. Ils se réunissent en fortes bandes dans des refuges perdus au milieu des forêts et où il ne serait pas prudent d'aller les rechercher.

Les esclaves ont la faculté de se racheter et de conquérir ainsi leur liberté. Mais fort peu d'entre eux, même lorsqu'ils ont l'argent nécessaire, profitent de cette latitude, car un autre genre d'esclavage les attend: c'est la corvée. D'autres préfèrent se réfugier à Diego-Suarez, qui est colonie française, et où ils sont certains de ne pas être inquiétés.

En résumé, l'esclavage à Madagascar est assez doux et les esclaves ne sont nullement brutalisés comme ils le sont encore dans certains pays. Ici, maîtres et esclaves vivent en parfait accord, ces derniers trouvant tout naturel de travailler pour les premiers. Quant à abolir l'esclavage, il ne saurait en être question pour le moment; ce serait pour longtemps la ruine du pays. Il serait préférable, pour arriver à ce but, de procéder graduellement, et surtout d'attendre que la situation financière permette une pareille révolution sociale dans la grande île.

Il n'existe pas, chez les Hovas, de cimetières tels que nous les comprenons chez nous. Le voyageur qui arrive pour la première fois dans le pays constate avec étonnement la présence de nombreux tombeaux disséminés dans la ville, soit sur le bord des chemins, soit dans les jardins ou dans les cours des habitations particulières. Tout autour de Tananarive, notamment, on en rencontre un nombre considérable.

Le Hova convoque généralement, pour la construction de son tombeau, ses parents et ses esclaves; le plus souvent, une partie des gens du village se joint à la famille, car les Malgaches aiment beaucoup ce genre de travail, qui donne toujours lieu à de grandes réjouissances. La construction en est, d'ailleurs, très simple: un trou cubique, de quatre à six mètres de côté, est creusé dans le sol au préalable; on transporte ensuite le nombre nécessaire de roches plates ayant les dimensions voulues et extraites d'un bloc granitique au moyen du feu. Ces pierres sont disposées en étagères sur trois côtés du tombeau; on les appelle « lits des morts. » Une roche couvre le caveau et, bien entendu, une ouverture est ménagée sur le côté resté libre; on élève, enfin, au-dessus, un tumulus en terre ou en pierres taillées. J'ai visité un tombeau nouvellement bâti et construit comme je viens de l'indiquer, qui se trouvait sur les bords du chemin qui conduit à Andralanitra.

TANANARIVE (Vue prise de l'ouest de la ville).

A Tananarive, certaines maisons très confortables, mais possédant des tombeaux dans leurs cours, sont délaissées par les Malgaches superstitieux, ce qui permet aux Européens ne partageant pas leurs terreurs, de les louer dans des conditions avantageuses.

M. Courtadon, sous-chef du service télégraphique, occupe une maison dans ces conditions. Étant un jour à déjeuner chez lui, je le questionnai sur un très beau tombeau situé devant sa porte. Au cours de la conversation, ayant été amené à parler de la superstition des Malgaches, il me donna les renseignements suivants : Installé depuis peu dans ce nouveau logement, ses domestiques indigènes lui déclarèrent formellement qu'ils voulaient s'en aller, alléguant que toutes les nuits un fantôme sortait du tombeau, venait les trouver et leur réclamait de l'argent en les menaçant de mort s'ils ne s'exécutaient pas immédiatement. Comme ils avaient, peu à peu, donné toutes leurs économies et que leurs superstitions naturelles leur faisaient croire que le fantôme tiendrait sa parole, ils résolurent de quitter leur service afin d'échapper à ses terribles réquisitions. M. Courtadon eut toutes les peines possibles pour leur faire promettre de ne partir que le lendemain ; puis, la nuit venue, il se mit aux aguets et, vers minuit, il vit effectivement, près du tombeau, surgir une forme humaine revêtue d'un linceul blanc, gesticulant et poussant de temps en temps des sons inarticulés.

M. Courtadon, qui s'était muni d'un nerf de bœuf, attendit qu'il arrivât près de la porte et, là, administra une maîtresse volée au prétendu fantôme. Depuis cette époque, il n'a plus reparu chez lui.

Il faudrait écrire un volume pour donner une idée du nombre considérable de superstitions de ce genre qui ont encore le plus grand crédit auprès des Malgaches.

Quand un individu meurt, sa femme, ses parents et ses esclaves se dénouent les cheveux qu'ils laissent librement flotter sur leurs épaules, et commencent immédiatement les chants des morts : ce sont des espèces de mélopées funèbres entrecoupées de cris, de pleurs et de gémissements. Le cadavre, étendu sur une natte ou sur un lit, est d'abord soigneusement lavé, puis il reste exposé pendant un temps plus ou moins long, et ses amis viennent lui faire un dernier adieu. Il est d'usage que les visiteurs laissent une somme d'argent qui doit servir, disent-ils, pour le « lamba du mort ». Le corps du défunt est ensuite enveloppé dans des pièces d'étoffes en soie du pays, dont le nombre et la richesse varient suivant le degré de fortune du décédé. Ce dernier, en général, a réglé de son vivant tous les détails de ses funérailles et laissé une somme d'argent qu'il a mise en sûreté dans un endroit connu seulement des siens. Le cadavre, ainsi arrangé, est transporté enfin dans le tombeau et déposé sur le banc de pierre qui lui est destiné. Les funérailles sont toujours accompagnées d'un festin copieux auquel prennent part les parents et les amis présents, et qui dégénère le plus souvent en orgie.

Seul, le corps des souverains est mis dans un cercueil d'ordinaire richement orné de plaques d'argent. Ce cercueil est déposé dans un tombeau qui ne devra pas recevoir d'autres cadavres ; c'est, d'ailleurs, la seule exception, chaque tombeau servant ordinairement pour toute une famille.

Le tombeau de Radama Ier a renfermé, dit-on, de nombreuses richesses. Le cercueil de ce souverain était d'un travail vraiment remarquable, et afin que les esprits fussent favorables au défunt, on avait déposé dans le mausolée, du riz, des volailles et autres victuailles, sans oublier le champagne qui devait détruire l'esprit malin.

Les tombeaux sont l'objet d'un grand respect et même d'une espèce de vénération pour les Malgaches. La famille y déposait jadis des sommes relativement importantes, auxquelles on n'avait recours qu'en cas de péril extrême de la communauté ou de l'un de ses membres. Malheureusement, depuis quelques années, les voleurs n'ont pas craint de violer les sépultures, et l'usage de cacher des objets précieux dans le tombeau de la famille a presque totalement disparu.

En signe de deuil, les femmes hovas laissent flotter leurs cheveux sur leurs épaules et revêtent de longues chemises bleues. Le bleu est, d'ailleurs, la couleur du deuil. Depuis quelques années, les hommes portent à leurs chapeaux des crêpes également bleus.

Lorsque le souverain meurt, toute la population doit prendre le deuil ; de plus, il est d'usage que les femmes se coupent les cheveux. Exceptionnellement, à la mort de Ranavalo II, en 1883, cette coutume n'a pas été observée.

D'ordinaire, on immole des bœufs en l'honneur des funérailles. Leur nombre varie avec la fortune du défunt ou encore avec les volontés qu'il a pu manifester avant sa mort; car, ainsi qu'on l'a vu plus haut, tout Malgache ne manque jamais de régler, de son vivant, le cérémonial de ses obsèques et la somme qui doit y être consacrée. Les bœufs immolés en cette circonstance constituent, avec plusieurs dames-jeannes de rhum, les éléments du repas funèbre.

Les Hovas croient à l'existence d'un être suprême; mais cette croyance est enveloppée d'une multitude de superstitions où il est quelquefois difficile de la retrouver.

Le respect et la crainte des ancêtres, notamment, jouent un grand rôle dans l'existence psychologique des Malgaches. Les ancêtres — ils comprennent sous cette dénomination les fondateurs de la famille, leurs aïeux et leurs pères décédés — ne se désintéressent pas des affaires de leur famille et conservent, même après leur mort, une large part dans l'existence de leurs descendants. Qu'un évènement heureux ou malheureux se produise, ils n'y sont pas étrangers et, dans chaque circonstance critique de sa vie, le Hova commencera toujours par implorer leur appui. Il ne faudrait cependant pas conclure que les Malgaches attribuent à leurs ancêtres les bienfaits qu'ils reçoivent du Créateur; ces derniers, en effet, ne sont, dans leur esprit, que des intermédiaires puissants entre eux et Dieu.

Depuis leur conversion à peu près forcée au christianisme, les Hovas n'exercent plus publiquement leur religion primitive, mais ils n'en continuent pas moins, en secret, leurs pratiques superstitieuses.

Comme certains peuples primitifs, les Hovas ont eu recours à la pierre pour perpétuer le souvenir des évènements qu'ils voulaient transmettre à la postérité. C'est ainsi que les premiers traités qui suivirent les conquêtes de Radama Ier sur les tribus voisines, furent accompagnés de l'érection de pierres « levées », dont l'on invoque encore de nos jours le témoignage en cas de contestation. Ces pierres, érigées en grande cérémonie devant le peuple assemblé, ont pris un caractère sacré qui a constitué, en quelque sorte, un « culte de la pierre ». Il ne faudrait pas entendre par là que les Malgaches aient divinisé la pierre; ils en ont fait seulement un objet du culte.

Quand il a une faveur à demander, le Hova commence d'abord par oindre la pierre de graisse, et adresse ensuite une prière spéciale par son intermédiaire. Elle sert encore pour remplacer le parent mort au loin et dont le corps a disparu ou n'a pu être transporté.

On désigne sous le nom de *sampy* (talisman ou amulette) un objet quelconque doué de vertus surnaturelles. Avant 1869, chaque Hova en avait un ou plusieurs ; il était, d'ailleurs, facile de s'en procurer puisqu'on en vendait dans les marchés publics. En général, chaque *sampy* était doué d'une vertu spéciale ; leur nombre était, par conséquent, illimité. Il existait, au-dessus des talismans vulgaires, une série de *sampy* nationaux qui avaient leur ville et leurs gardiens. Les principaux étaient : Rakelimalaza, Manjakatsiroa, Rajantka et Ramahavaly. Les particuliers ne pouvaient obtenir une consultation de ces *sampy* sans l'autorisation du souverain.

C'est en 1869 que le premier ministre se convertit au protestantisme avec la Reine et les principaux du royaume. Il ordonna, en cette circonstance, de brûler tous les *sampy*. Cette opération se fit sans grandes protestations.

Toutes les tribus de Madagascar, à l'exception des Mahafaly, pratiquent la circoncision. Cette opération est généralement accompagnée de réjouissances publiques. Chez les Hovas, avant la conversion du premier ministre et de la Cour au christianisme, cette cérémonie avait lieu tous les sept ans, en grande pompe, et toute la population y prenait part. Les fêtes duraient une grande partie de l'année. Depuis, il n'en est plus ainsi : la circoncision est toujours pratiquée chaque année, mais à huis clos et en présence et avec le concours seulement de la famille et de quelques amis.

Au jour fixé, les invités se réunissent à la maison où doit avoir lieu la cérémonie, qui doit être terminée avant le lever du soleil. Quelques-uns d'entre eux se rendent à une source dite « sacrée » et rapportent dans une calebasse une certaine quantité d'eau ; les autres, armés de sagaies et de boucliers, se rangent dans une salle de la maison sur deux rangs et exécutent en chantant une danse guerrière qu'accompagne une grosse caisse. Un tambour est posé sur une chaise ; l'enfant âgé de deux ou trois ans est introduit ; deux hommes le prennent des mains de sa mère et le posent sur le tambour. L'opérateur accomplit alors son office et chacun vient féliciter le circoncis de son courage et les parents du bon résultat de l'opération. On termine enfin la fête par un repas copieux.

VI

Les premiers Européens qui eurent des relations suivies avec les Hovas furent des Anglais, et c'est à un gouverneur de l'île Maurice, sir Robert Farquhar, que la Grande-Bretagne doit d'avoir travaillé à l'extension de son influence à Madagascar. Dans le courant de l'année 1820, sir Robert Farquhar posa ses premiers jalons. Il envoya au roi Radama Ier un homme d'une grande habileté, mais sans scrupules, nommé Hastie, auquel il adjoignit deux missionnaires de la *London Missionnary Society*, qui tentèrent les premiers essais d'évangélisation. Ces essais ne donnèrent pas de résultat appréciable. Craignant d'exciter la défiance des Hovas, ces missionnaires se bornèrent à apprendre à leurs adeptes la connaissance de quelques sciences élémentaires, et ne les initièrent que prudemment au christianisme. Leur but, d'ailleurs, n'était que de leur inculquer l'idée que la Grande-

Bretagne est la première nation du monde et que les Anglais sont des amis sur lesquels ils pourraient compter à l'occasion.

En 1835, la sanguinaire Ranavalo Ire les expulsa en même temps que tous les étrangers qui habitaient Madagascar, et ce n'est qu'à l'avènement de Radama II qu'ils purent revenir dans le pays. C'est à cette époque que des missionnaires français montèrent pour la première fois à Tananarive. Ils s'étaient contentés jusque là d'évangéliser les petites îles voisines : Nossi-Bé, Mayotte, Sainte-Marie. Grâce à l'influence d'un Français, M. Laborde, ils eurent au début une influence marquée à Tananarive. Malheureusement, à l'avènement de Rasoherina, les missionnaires de la Société des missions de Londres prirent un ascendant considérable sur les hauts dignitaires du royaume. Leur influence ne fit que s'accroître sous le règne de Ranavalo II, et cette dernière se convertit même au protestantisme avec le premier ministre et les principaux du royaume, au commencement de l'année 1869.

Dès 1864, les missionnaires anglicans étaient arrivés à Madagascar. Ils furent tout d'abord en butte à l'hostilité de la *London Missionnary Society* et ne purent exercer leur ministère que sur la côte Est de la grande île. En 1877, ils réussirent à s'établir dans la capitale, où ils ont bâti une cathédrale d'un assez bel aspect, un grand nombre de temples et d'écoles et un hôpital. Ils ne possèdent néanmoins qu'une influence très faible, acquise péniblement au prix de grands sacrifices pécuniaires.

Des missionnaires luthériens, venus de Norwège, arrivèrent à Madagascar en 1867. Ils eurent d'abord à lutter avec les Indépendants de la *London Missionnary Society* comme les anglicans ; mais instruits par l'exemple de ces derniers, ils transigèrent et, après un accord conclu avec les missionnaires anglais, ils s'établirent dans les provinces au sud de Tananarive. Quand ils y furent bien installés, ils réussirent à s'implanter dans la capitale, où ils possèdent aujourd'hui plusieurs temples, quelques écoles et surtout deux hôpitaux très bien tenus et dirigés par des médecins d'une certaine valeur.

Pour être complet, on doit mentionner aussi les *Quakers* qui, arrivés dans le pays en 1867, s'unirent à la *London Missionnary Society* qui les chargea de ses écoles et de ses établissements hospitaliers.

A l'instigation de quelques Anglais, Rainilaiarivony institua, à l'imitation de l'Angleterre, peu après sa conversion, une religion d'État calquée sur celle des Indépendants dont la Reine est nominalement le supérieur spirituel. Grâce à la pression gouvernementale et à la multitude des porteurs indigènes envoyés dans le pays, cette religion n'a pas tardé à absorber la majeure partie de la population et, actuellement, elle possède le plus grand nombre d'adeptes.

En résumé, il ne faut pas nous le dissimuler, les Anglais sont toujours très puissants à Madagascar. Leur influence tient à deux causes : la situation religieuse du pays et l'action incessante qu'ils exercent sur le peuple par les écoles.

Dans les trente ou quarante dernières années, une fraction considérable des Malgaches a été convertie au christianisme. Les uns ont embrassé la religion protestante : ce sont les plus nombreux ; on en compte de trois cent à quatre cent mille. Les autres ont adopté le catholicisme : ceux-ci ne dépassent guère le chiffre de quarante mille individus. Les premiers font partie, pour la plupart, de l'aristocratie indigène, de cette race hova ambitieuse et conquérante qui a fini par s'assujettir toutes les autres tribus. Les seconds, au contraire, appartiennent presque tous aux classes inférieures de la population, aux peuplades conquises par les Hovas. L'élément protestant domine donc à Madagascar : il a le nombre et la puissance.

Le protestantisme a été introduit dans l'île par des missionnaires anglais ; le catholicisme, par des religieux français. Dès l'origine, la propagande des uns et des autres a pris un caractère politique. Les Anglais, en catéchisant les indigènes, ont cherché à ouvrir le pays à l'influence de leur nation, tandis que les Français, en gagnant d'autres indigènes à leurs croyances, s'efforçaient de maintenir et d'étendre les droits que nous avions acquis à Madagascar depuis l'époque de Louis XIV. Cette rivalité a profondément remué le pays : plusieurs révolutions en sont sorties. Tour à tour, les catholiques et les protestants l'ont emporté. Les questions religieuses se sont ainsi transformées en questions de nationalité et de parti, si bien qu'un jour la cause du protestantisme malgache s'est trouvée identifiée avec les intérêts de l'Angleterre, pendant que la cause du catholicisme se confondait avec les intérêts français.

Le protestantisme ayant enfin pris le dessus, la victoire a été complète pour nos rivaux. Ils avaient converti les Hovas ; ils les avaient aidés à se saisir du pouvoir. Ceux-ci, à leur tour, se sont faits leurs protecteurs, et à dater de ce moment, les missionnaires anglais ont été les maîtres à Madagascar. Ils sont devenus les conseillers attitrés de la Reine et de ses ministres. Ils ont inspiré tous les actes du Gouvernement, dirigé sa politique extérieure. Nous avons appris à nos dépens de quel prestige ils jouissaient auprès des Hovas. Pendant vingt-cinq ans, les Ellis, les Parrett, les Schauw, les Pickersgill ont fait échouer toutes nos entreprises dans le pays, et ce n'est point leur faute s'ils n'ont pas réussi à nous en chasser.

A l'heure actuelle, la situation n'est plus tout à fait la même : les missionnaires anglais ont perdu quelque peu de leur ascendant. Ils avaient toujours proclamé que l'Angleterre était la protectrice naturelle des Malgaches, qu'elle ne les abandonnerait jamais ; que, le cas échéant, elle saurait bien mater la France. Les évènements de 1885 ayant démenti ces belles promesses, les Hovas ont commencé à concevoir des inquiétudes. Puis est venue la convention de 1890 qui a changé ces inquiétudes en défiances, de sorte qu'aujourd'hui les Hovas se montrent assez réservés vis-à-vis des missionnaires. Ceux-ci sont donc moins écoutés qu'autrefois ; mais nous aurions tort de croire qu'ils ont cessé pour cela d'être redoutables. En fait, ils jouissent encore d'un très grand crédit. Ce sont eux qui ont élevé ou qui élèvent les membres de la maison royale, ceux des principales familles indigènes, presque tous les hauts fonctionnaires. Ce sont eux qui dirigent l'*Église nationale*, dont la Reine est nominalement le supérieur spirituel, mais dont ils sont les véritables chefs. Riches, considérés, connaissant le pays de longue date, énergiquement soutenus par leurs compatriotes de la colonie britannique, ils sont toujours en situation d'exercer une influence considérable sur les affaires publiques. Longtemps encore nous aurons à compter avec eux.

Nous disions plus haut que les missionnaires anglais ont à Madagascar un autre point d'appui, un autre moyen d'action : les écoles. Ils possèdent, en effet, dans le pays de nombreux établissements d'éducation, qui servent à leur propagande politique autant qu'à leur propagande religieuse. D'après la statistique la plus récente qu'il m'ait été donné de consulter, il y a cinq ou six ans, ils entretenaient dans l'Imérina, c'est-à-dire dans la seule province de Tananarive, environ trois mille écoles, occupant près de trois mille maîtres et fréquentées par cent quarante mille élèves. La plupart de ces écoles dépendaient de la *London Missionnary Society* et de la *Friend's Mission*. Leur nombre n'a certainement pas diminué depuis lors ; il a plutôt augmenté. Tous ces établissements sont bien tenus. Ils disposent de revenus considérables provenant soit du pays même, soit d'Angleterre. Les Sociétés évangéliques de la métropole leur ont toujours fourni de larges subsides.

La population scolaire se compose, pour une forte partie, des enfants des meilleures familles indigènes. Pendant longtemps, les missionnaires anglais se sont consacrés surtout à l'éducation des jeunes gens de l'aristocratie malgache. C'était, en effet, le meilleur moyen d'asseoir leur influence. Maintenant, ils commencent à s'occuper de l'instruction du peuple, et non sans succès. C'est ainsi qu'ils ont fondé à Tananarive une école professionnelle qui rend de réels services.

L'enseignement donné dans leurs écoles est assez superficiel, mais on doit reconnaître qu'il est parfaitement approprié au but poursuivi. Les maîtres cherchent, par dessus tout, à inculquer aux enfants l'idée que la Grande-Bretagne est la première nation du monde et la sincère amie des Malgaches. La France, au contraire, est perpétuellement représentée comme un peuple impuissant, avide et jaloux, qui voudrait s'emparer de Madagascar pour s'enrichir aux dépens des indigènes. Le sentiment national est systématiquement excité contre nous. Et ici l'enseignement religieux vient en aide aux professeurs : la France est catholique ; elle est par conséquent l'ennemie des protestants malgaches ; donc, tout bon protestant doit se méfier de la France. Telle est la doctrine.

Il faut l'avouer, nous faisons peu de chose pour contrebalancer la propagande scolaire des pasteurs anglais. Les écoles françaises ne rivalisent que péniblement avec les leurs. Ces écoles ont été créées et sont dirigées par des pères Jésuites, habiles sans doute, mais qui ne disposent malheureusement pas des mêmes ressources que leurs concurrents. L'action qu'ils exercent est d'ailleurs forcément limitée. Comme presque toutes les grandes familles sont protestantes, ce n'est pas à eux, mais aux Anglais, qu'elles confient leurs enfants. Nos écoles, par suite, ne recrutent guère leurs élèves que parmi le peuple.

La conclusion qui se dégage de ce rapide exposé est que nous avons à faire à Madagascar à un élément anglais et anglo-hova très hostile à la France et fortement organisé. Nous devons nous mettre en mesure de résister à tous ses assauts. La première chose à faire est de lui opposer une organisation aussi puissante que la sienne. Il n'est pas impossible d'y parvenir avec un peu de temps, de l'esprit de suite et quelques sacrifices. Le reste viendra tout seul, si nous savons adopter une ligne genérale de conduite appropriée aux circonstances.

La caractéristique des modes de gouvernement en usage à Madagascar est le despotisme. Quels qu'ils soient, et quels que puissent être leurs titres, tous les chefs des diverses peuplades de la grande île sont des despotes et exercent, sans contrôle et suivant leur bon plaisir, leur autorité.

Chez les Hovas cependant, le principe du gouvernement absolu paraît avoir reçu une atténuation dans la forme, si l'on en juge par ce qu'il nous est permis de voir actuellement. En Imérina, en effet, il est de tradition que toute décision importante à prendre par le souverain soit, au préalable, soumise à l'appréciation des différentes castes du peuple réunies à cet effet dans un *kabary* — c'est le nom que l'on donne à ces sortes d'assemblées. — Il ne faudrait pourtant pas s'illusionner sur cette espèce de consultation qui a pu être effective et capable d'influencer l'esprit du roi, il y a quelque cent ans, mais qui, aujourd'hui, n'est plus qu'une simple formalité que l'on conserve par respect pour la tradition. Toute question soumise en *kabary* public est toujours résolue irrévocablement à l'avance, et le peuple n'a que la faculté d'approuver, et ce, dans des formes consacrées et avec force hourras.

Depuis le roi Radama II, les reines qui se sont succédé à Tananarive ne se sont immiscées en rien dans les affaires du royaume. Le premier ministre s'est, peu à peu, emparé de l'autorité royale, et les souveraines n'ont été, entre ses mains, que des mannequins auxquels on a continué à rendre les hommages royaux, et dont la plus grande utilité a été et est encore de figurer dans les cérémonies publiques. Le premier ministre, seul, est le maître. Ses décisions sont des ordres qui sont exécutés sans retard, et tout édit royal n'est exécutoire qu'après avoir été contresigné par lui.

Quoique le pouvoir absolu soit entre les mains du premier ministre, la royauté, considérée toujours comme ayant une origine divine, jouit d'un prestige considérable. Elle n'inspire pas seulement le respect, mais bien une espèce de fanatisme.

Dans la capitale, tous les matins, les serviteurs du palais vont aux provisions et principalement chercher de l'eau à une source située à une certaine distance de la ville. Au retour, un soldat précède le convoi en criant : « Voici l'eau de la Reine ». Immédiatement, tous les Malgaches laissent la route libre en se rangeant le long du mur, et c'est de la façon la plus respectueuse et chapeaux bas qu'ils laissent libre passage aux porteurs de l'eau destinée à l'usage de Sa Majesté.

Tout ce que la Reine a porté ou touché est considéré comme sacré. Ainsi, les divers vêtements qu'elle a portés et les objets qui ne lui conviennent plus et qui représentent souvent des sommes considérables, sont livrés aux flammes.

Quand la Reine sort de sa capitale pour aller en villégiature ou pour tout autre motif, et que son absence doit durer plus de vingt-quatre heures, tous les canons la saluent et le pavillon royal qui flotte sur une tour de son palais est amené. Quand elle y rentre, les canons la saluent de nouveau et le pavillon est hissé.

La Reine actuelle, qui s'appelait, avant son avènement, Razafindrahety, était veuve depuis quelques jours du prince Ratrimo, lorsque, le 13 juillet 1883, Ranavalo II mourut. Rainilaiarivony jeta sur elle son dévolu et la fit immédiatement proclamer reine sous le nom de Ranavalomanjaka III. Peu après, il l'épousa.

Ranavalo III est une femme de vingt-sept ans environ, de taille moyenne, mais très maigre. La physionomie n'a rien de sympathique ; ses yeux sont assez vifs. Elle a le nez aplati et des lèvres un peu fortes ; de plus, elle est très colorée et plus noire que la moyenne de ses sujettes. Il faut cependant avouer qu'elle s'habille convenablement, et que dans les cérémonies publiques elle ne paraît nullement déplacée. Elle jouit dans les décisions du Gouvernement d'une influence aussi nulle que ses prédécesseurs. Il convient d'ajouter que le premier ministre est plein d'attentions pour elle et qu'il satisfait, dans la mesure du possible, tous ses caprices. Bien que ne gouvernant pas en fait, la Reine jouit d'un ascendant considérable sur le peuple, et, bien entendu, Rainilaiarivony ne se fait pas faute d'user de cet ascendant pour la produire en public dans les circonstances difficiles.

Le premier ministre est un homme ayant largement dépassé la soixantaine, mais paraissant vigoureux pour son âge. Il est d'une taille un peu au-dessous de la moyenne ; il a le corps bien pris et la démarche ferme. La tête, qu'il redresse fièrement, ne manque pas d'une certaine finesse. Il se teint, paraît-il, soigneusement les cheveux et les moustaches, ce qui contribue à lui donner un certain air de jeunesse. Sa physionomie est assez sympathique au premier abord ; mais ses yeux très vifs ont, à certains moments, un éclat sauvage qui lui donne un aspect dur et cruel.

Rainilaiarivony est toujours habillé d'une façon assez correcte, mais un peu extraordinaire; car, ainsi que pour la plupart de ses compatriotes, on constate chez lui une absence totale du sentiment des couleurs et de leur harmonie. Ses pantalons sont, néanmoins, d'une coupe irréprochable, ses cravates toujours d'une fraîcheur printanière, sa tenue parfaite. On croirait, à le voir, être plutôt en présence d'un vieux beau du boulevard des Italiens que du ministre malgache.

Le premier ministre a eu une existence des plus tourmentées. On n'a que de vagues renseignements sur sa jeunesse. Il ne commence à percer dans l'histoire de son pays que comme commandant en chef des troupes, sous le roi

Radama II. Il trempa certainement dans l'assassinat de ce dernier, à la suite duquel Rainivoninahitriniony, son frère aîné, devint premier ministre et épousa la reine Rasoherina. Rainilaiarivony laissa d'abord gouverner son frère; puis, quand il se sentit en mesure de le remplacer, il répudia sa femme légitime dont il avait eu dix-huit enfants et, en juillet 1864, il renversa Rainivoninahitriniony et prit sa place de premier ministre et d'époux de la Reine. Depuis lors, il préside aux destinées de Madagascar. Il a su manœuvrer assez habilement pour se maintenir au pouvoir jusqu'ici, non sans avoir déjoué nombre de conspirations ourdies contre lui, et il a successivement épousé et enterré deux reines : Rasoherina et Ranavalo II.

Le pavillon hova, qui était primitivement blanc, a été modifié, pendant notre dernière expédition, par l'adjonction, dans un angle, d'un carré rouge. Il porte, de plus, sur le fond blanc, une couronne royale encadrée par les initiales R. M.; le tout en rouge.

Le rouge est, à Madagascar, la couleur réservée au souverain et à sa famille. La Reine est toujours vêtue de rouge, aussi bien dans les cérémonies publiques que dans la vie intérieure;

de plus, elle seule a le droit de se servir du parasol rouge surmonté d'une boule dorée. Cet ornement la distingue des princes et des membres de sa famille qui, comme elle, peuvent se servir du parasol rouge.

L'hymne royal de la reine de Madagascar est appelé dans le pays *Sidikina*, corruption de l'anglais *God save the king*. Cet air est joué par toutes les musiques dans certaines circonstances déterminées. Ainsi, tous les concerts commencent et prennent fin par le *Sidikina*. Dans les cérémonies officielles et, tous les matins, au palais, quand on relève la garde, les musiciens de service exécutent l'hymne royal. On ne doit pas oublier de mentionner que, pendant que cet air est joué, et dans n'importe quelle circonstance, tous les Malgaches se découvrent respectueusement.

Le Gouvernement malgache se procure les ressources nécessaires à ses besoins, au moyen de trois sortes d'impôts : la cote personnelle, l'impôt foncier et la corvée ou prestation en nature.

La cote personnelle est, en principe, due par tout individu libre, à partir de l'âge de dix ans.

Elle s'élève à une faible somme d'argent qui ne dépasse guère dix centimes par an. En fait, le produit de cet impôt est très aléatoire, car il n'arrive au Trésor royal qu'une faible partie de ce qui est effectivement payé par les contribuables. Les agents chargés de sa perception, ne recevant aucune rétribution, prélèvent, sur ce qu'ils encaissent, une somme plus ou moins considérable. Il convient d'ajouter que tout contrôle est absolument impossible.

L'impôt foncier est perçu en nature à raison de trois mesures, soit environ cinq décalitres, de riz par *hetra* et par an. Le *hetra* est une unité arbitraire s'appliquant à une certaine étendue de rizières en culture. Pour rendre pratique la perception de cet impôt, chaque famille est taxée à raison d'un certain nombre de *hetra* et, par suite, doit donner un nombre proportionnel de mesures de riz. La remarque que nous avons faite au sujet de la perception de la cote personnelle s'applique également à l'impôt foncier. De plus, la division des terrains en *hetra* remontant à une époque très reculée, la répartition de l'impôt est des plus fantaisistes. Ainsi, telle famille qui paye pour vingt *hetra* possède souvent la moitié moins de rizières que telle autre qui est taxée à dix.

Tous les Malgaches doivent à leur souverain la prestation en nature : c'est la corvée. La Reine est maîtresse absolue de tous ses sujets et a la faculté de leur demander tous les services qu'il lui plaît et, ce, sans rétribution aucune, bien entendu. Veut-elle faire bâtir une maison, construire un palais, elle requiert immédiatement des ouvriers et leur fait donner les matériaux nécessaires pour la corvée. Si la maison d'un de ses sujets lui convient, elle s'en empare sans indemnité : c'est encore une forme de la corvée. Enfin, les gouverneurs des provinces, les ministres et tous les fonctionnaires de l'État, leurs employés, occupent leurs emplois en vertu du même principe et toujours sans rétribution.

Comme il est facile d'en juger par ce qui précède, la corvée est de beaucoup l'impôt le plus lourd. Mais ce qui le rend surtout vexatoire, c'est la façon dont il est appliqué. Partant du principe que la Reine peut tout exiger de ses sujets, le premier ministre et toutes les personnes occupant une haute situation dans le Gouvernement usent, pour leur propre compte, du droit de requérir par la corvée et d'employer, sans les payer, tous les individus qu'il leur plaît de faire travailler.

Lorsqu'elle a à pourvoir à des dépenses imprévues, telles qu'achat d'armes, de munitions, ou à subvenir aux frais d'expédition militaire, la Reine a recours à des impôts extraordinaires qu'elle perçoit sur ses sujets selon son bon plaisir et dont le quantum est subordonné à la somme qu'elle désire obtenir.

La Reine de Madagascar a enfin une autre source de revenus dans les recettes douanières. En effet, des postes de douane sont installés dans tous les principaux ports de la côte Est de la grande île et sur quelques points de la côte Ouest. Le Gouvernement perçoit un droit de 10 0/0 calculé *ad valorem* sur tous les objets d'importation et d'exportation. Ce droit est payable en nature ou en argent au gré des intéressés et suivant les usages locaux. Il n'est pas inutile de faire observer ici que le Gouvernement malgache a aliéné une partie de ses douanes dans les circonstances suivantes :

Par le traité signé avec la France le 17 décembre 1885, le Gouvernement de la Reine s'était engagé à payer au Gouvernement français une somme de dix millions destinée à indemniser nos nationaux et les étrangers des pertes subies pendant les hostilités. Ne pouvant s'acquitter par ses propres ressources, le Gouvernement malgache eut recours à un emprunt. Le *Comptoir d'escompte* de Paris lui prêta, en 1886, quinze millions de francs portant intérêt à 6 0/0, et amortissables, par annuités, en vingt-cinq ans. Le Gouvernement de la Reine affecta à la garantie de l'emprunt les revenus de six ports douaniers : Tamatave, Majunga, Fénérive, Vatomandry, Mananjary et Vohémar.

Le *Comptoir d'escompte* a placé, dans chacun de ces ports, un contrôleur chargé de vérifier les opérations des douaniers indigènes et a installé un directeur à Tananarive.

C'est le *Comptoir national d'escompte* de Paris qui, depuis la déconfiture du *Comptoir d'escompte*, est chargé d'encaisser les annuités; mais il n'a pas conservé à sa charge l'emprunt hova, qui est resté dans la liquidation de l'ancien Comptoir.

Le *Comptoir national d'escompte* de Paris fait, de plus, toutes les opérations de banque à Tamatave et à Tananarive. Il reste, d'ailleurs, le seul établissement financier existant dans le pays depuis la liquidation de sa rivale à Madagascar, la *New Oriental Bank*.

Il n'existe pas, chez les Hovas, de loi bien définie qui règle la successibilité au pouvoir des souverains. Ces derniers sont cependant toujours pris dans la même famille. Ils sont généralement désignés par leur prédécesseur en *kabary* public. Cet usage est tombé en désuétude depuis l'arrivée au pouvoir du premier ministre actuel, qui, jouant le rôle de maire du palais, s'est naturellement arrogé le droit de choisir un souverain à sa convenance, afin d'être seul à gouverner. Dans le but, sans doute, d'éviter des compétitions, il a eu soin de ne faire couronner que des princesses qu'il a successivement épousées, et cela, évidemment, pour pouvoir mieux être le maître.

L'Administration gouvernementale, telle que nous l'entendons, n'existe chez les Malgaches qu'à l'état théorique. Rainilaiarivony, en effet, traite toutes les affaires; il décide seul en dernier ressort, en toute circonstance, et nul n'oserait, d'ailleurs, prendre une initiative quelconque sans son ordre.

Le titre de premier ministre n'existe que depuis peu à Madagascar. Comme chez la plupart des peuples soumis au régime despotique, le souverain, bien que gouvernant seul, s'entourait d'un Conseil d'hommes qui lui paraissaient offrir les qualités désirables et qu'il consultait généralement avant de prendre une décision, surtout pour les affaires graves. Aucun de ces conseillers ne portait le titre de ministre ; mais Radama II, dès son avènement, dans le but de faire entrer son peuple dans la voie de la civilisation, voulut créer une Administration à l'instar de celles des nations européennes. A cet effet, il nomma plusieurs ministres avec un chef de Cabinet, qu'il appela premier ministre, à l'imitation de l'Angleterre.

Après l'assassinat de Radama II, ce commencement d'organisation disparut et Rainivoninahitriniony se proclama premier ministre et gouverna seul. Son frère Rainilaiarivony prit sa place et conserva le titre de son prédécesseur. En 1881, Rainilaiarivony, sur les conseils des Anglais et avec leur concours, accomplit une série de réformes dans le but évident de faire croire à l'Europe à une civilisation qui, en réalité, est plus que conventionnelle. Sept ministères furent créés : Guerre, Intérieur, Affaires avec les étrangers, Justice, Lois, Trésor royal, Instruction publique. Des officiers ou de grands personnages du royaume furent placés à la tête de chacune de ces Administrations ; on nomma des secrétaires et divers employés. Inutile d'ajouter que tous ces fonctionnaires ne reçurent aucun traitement; d'ailleurs, ils n'ont jamais encore exercé leurs fonctions, et le premier ministre a continué, comme par le passé, à présider aux destinées du royaume.

Par le même *kabary*, qui faisait connaître l'organisation que nous venons d'examiner, le premier ministre promulguait un « Code des lois du royaume ». Ce Code, inspiré de quelques notions juridiques européennes amalgamées aux anciennes lois du pays, forme un tout des plus fantaisistes. Les Malgaches n'en tiennent, d'ailleurs, aucun compte, et les anciennes coutumes continuent à avoir force de loi. Dans la plupart des cas, et par dessus tout, le bon plaisir du premier ministre et les caprices de son entourage constituent des arrêts sans appel. En résumé, l'argent forme le fond de la jurisprudence malgache, et, soit qu'il s'agisse du droit coutumier ou du droit écrit, les piastres sont les seuls arguments juridiques qui pèsent de quelque poids dans la balance de la justice à Madagascar.

En matière criminelle, les accusés n'ont pas le droit de se faire défendre ; ils doivent présenter leur défense eux-mêmes. En matière civile, les plaideurs peuvent avoir un défenseur, mais il leur faut pour cela une autorisation du premier ministre qui l'accorde très difficilement. D'ailleurs, on peut dire qu'à Madagascar la justice n'existe pas. Les exemples suivants en sont une preuve éclatante : En matière criminelle, un prévenu poursuivi et convaincu d'avoir commis un vol peut être acquitté si, par lui-même ou par sa famille, il peut payer à ses juges une somme déterminée après discussion préalable.

En matière civile, c'est la partie qui donnera la plus forte somme qui triomphera. En outre, comme nous l'avons dit plus haut, dans des affaires importantes, les juges ne font qu'exécuter les ordres qu'ils reçoivent du premier ministre ou de son entourage.

Il en est de même pour l'exécution des jugements. Un Malgache condamné à recevoir un nombre déterminé de coups de bâton, n'en recevra que la moitié ou pas du tout suivant la somme qu'il donnera à ses bourreaux au moment de l'exécution du jugement. Celui qui est condamné à dix, quinze, vingt ans de fers verra sa peine commuée dans de larges proportions, suivant l'importance de la somme qui aura été donnée par sa famille, si elle intervient en sa faveur.

Quel que soit le crime ou le délit qui lui ait

valu cette peine que nous sommes habitués en Europe à considérer comme une punition déshonorante et infamante, le Hova libéré reprend la situation sociale qu'il avait au moment de sa condamnation. Ses titres et honneurs lui sont rendus. Ainsi, s'il était 10me honneur, grade qui correspond à celui de colonel, il reprend son rang de 10me honneur avec tous ses droits à l'avancement. Il reçoit, en outre, les congratulations et les félicitations de tous ses amis et connaissances qui considèrent l'acte dont il s'est rendu coupable et la juste punition subie, comme un simple accident sans la moindre importance.

L'emprisonnement, tel qu'il est pratiqué chez nous, est inconnu à Madagascar. Les prisonniers doivent se faire nourrir par leurs parents ou leurs amis, comme ils l'entendent. Le Gouvernement, conformément à ses principes, ne fait pour eux aucune dépense. La peine de l'emprisonnement est rarement appliquée et ne l'est, le plus souvent, que pour des fautes légères. Les auteurs de crimes ou de délits sont presque toujours condamnés aux fers. Il existe deux variétés de fers : les *gadra fohy* (littéralement : chaîne courte), peu employés aujourd'hui, qui se portent aux pieds ; ce sont deux anneaux de fer reliés par une tige de même métal, très courte, de sorte que le condanné peut à peine marcher. Les *gadra lava* (chaîne longue) sont ceux que l'on voit le plus fréquemment. Voici la manière dont on les emploie : Dès que la sentence est prononcée, on passe au condamné un anneau en fer autour du cou, puis un autre à chaque pied. Ces anneaux sont reliés entre eux par une chaîne d'un poids de plusieurs kilos, dont les maillons ont environ vingt centimètres de longueur. Une fois revêtu de ce costume pénal — seule dépense que le Gouvernement hova consente à faire pour ses sujets — le condamné est libre comme l'air, durant le jour. Chaque soir, il doit répondre à l'appel qui est fait dans les prisons. Nombre d'entre eux s'arrangent facilement, moyennant finances, pour coucher chez eux d'une façon permanente et sont même dispensés de se présenter. Les condamnés doivent, de plus, pourvoir par leur travail, à leur entretien, à leur nourriture, et donner au Gouvernement la moitié de ce qu'ils gagnent.

Un individu condamné à une année de fers, sera contraint d'y rester plusieurs années s'il ne remet pas quotidiennement une somme déterminée. Si, pour une cause quelconque, il ne peut se livrer à aucun travail et, par suite, se procurer de l'argent, c'est à lui d'aviser aux moyens de s'acquitter vis-à-vis de son paternel Gouvernement. Les hôpitaux, les bureaux de secours, tout cela est inconnu pour eux. Les seuls hôpitaux qui existent ont été construits et sont entretenus par des Européens.

Ce qui se passe dans la vie civile existe également dans la vie militaire. Les officiers et les soldats malgaches, comme tous les autres fonctionnaires, ne sont ni payés, ni nourris, ce qui ne les empêche pas d'être astreints à un service de gardes, exercices, revues, etc.

Dans une de mes promenades, étant en compagnie de M. Campan, consul de France, qui parle admirablement le malgache, nous avons été témoins du fait suivant: Un soldat malgache rejoint sa compagnie un jour d'exercice : il avait manqué plusieurs appels sans motifs valables; c'était, pour lui, une bastonnade sérieuse qui l'attendait. Le sergent lui demande brutalement les raisons pour lesquelles il s'était absenté. Avec le plus grand calme, il répond qu'une fluxion dentaire l'avait fait souffrir horriblement et invite, en ouvrant la bouche, son supérieur à s'assurer du fait. Il est fait droit à son désir : le sergent constate dans la bouche du soldat la présence d'une pièce d'argent qu'il s'empresse de faire adroitement disparaître entre ses doigts, et, à son tour, il déclare hautement à son capitaine qu'effectivement le soldat disait la vérité.

La contrainte par corps pour le recouvrement des amendes dues au Trésor, est appliquée chez les Hovas. Tout individu condamné à une amende doit s'exécuter immédiatement, sous peine de se voir mis aux fers, chaque journée de fers le libérant de soixante centimes. On doit mentionner également une curieuse coutume relative à la libération des condamnés aux fers. A l'expiration de leur peine, ils doivent se rendre chez le forgeron royal qui les débarrasse de leur « costume infamant » moyennant la somme de cinq francs. Si le malheureux est incapable de se procurer cette somme, il conservera ses chaînes jusqu'à ce qu'il ait trouvé la piastre libératrice.

Le Recueil des lois du royaume promulguées, comme il est dit plus haut, le 29 mars 1881, dans un grand *kabary* tenu sur la place d'Andohalo, se compose de trois cent cinq articles, répartis en quatre titres subdivisés eux-mêmes en chapitres,

Le titre Ier intitulé « Lois générales », comprend vingt-sept chapitres qui traitent du droit pénal, du droit civil, du droit forestier, etc., et même de dispositions de nature purement administrative. Le premier article de ce titre donne la nomenclature des douze grands crimes qui entraînent la peine capitale et la confiscation des biens. Mais il n'existe dans le Code aucune mention de la manière dont cette peine doit être appliquée. Dans la pratique, la peine de mort est rarement prononcée. Les exécutions ont lieu en public, et le condamné est tué à coups de sagaie, ou encore a la tête tranchée à coups de couteau, s'il est civil ; s'il est militaire, il doit être fusillé.

Il convient de signaler encore l'article 85 qui condamne aux fers à perpétuité tout Malgache qui vendrait de la terre à un étranger. Cette disposition, annulant l'article 4 du traité du 8 août 1868, a été l'objet de vives réclamations de la part du Gouvernement français et a contribué en partie à l'expédition de 1883-1885. Le traité signé, après ce conflit, le 17 décembre 1885, n'accorde pas à nos nationaux le droit de posséder des immeubles : en son article 6, paragraphe 2, il leur donne seulement la faculté de louer les terres par bail emphytéotique renouvelable au gré des parties. Cette disposition est certainement très préjudiciable à toute entreprise de longue haleine à Madagascar, et constitue surtout un sérieux obstacle à toute tentative de colonisation agricole dans le pays.

Le titre II, qui traite de la Procédure, comprend six chapitres. L'article 264 consacre la liberté des cultes. Inutile d'ajouter que cette liberté est toute théorique, comme nous avons déjà eu l'occasion de le voir.

Le titre III, intitulé « Lois scolaires », se compose de quatre chapitres. Il proclame d'abord l'instruction obligatoire pour tous les enfants de huit à seize ans. Toutes les écoles à Madagascar sont confessionnelles et, par suite, les françaises sont catholiques, les anglaises protestantes. Les enfants qui ne sont inscrits ni dans l'une, ni dans l'autre de ces écoles, le sont d'office chez les Anglais, d'où accroissement des adeptes du protestantisme, c'est-à-dire des Anglais au détriment de notre influence. Les rivalités religieuses aidant, il est facile d'expliquer nombre de conflits qui se produisent journellement par suite de cet état de choses.

Le titre IV ne comporte qu'un seul chapitre intitulé « Loi sur le rhum ». Défense est faite aux Malgaches de vendre et de boire du rhum dans toute l'étendue de l'Imérina, sous peine d'amendes très élevées, avec contrainte par corps en cas de non paiement. Inutile de dire que cette loi n'est appliquée qu'aux pauvres diables et que les gens haut placés ne se gênent pas pour s'enivrer impunément quand il leur plaît.

Il n'existe pas, à Madagascar, de police possédant une organisation bien déterminée. Chacun y contribue pour sa part, surtout en ce qui concerne la partie politique. La délation est non seulement admise, mais favorisée, à un tel point que le Gouvernement hova, c'est-à-dire le premier ministre, est excessivement bien renseigné sur tout ce qui est fait et sur tout ce qui est dit aussi bien par les indigènes que par les Européens. Dans chaque famille, dans chaque caste ou dans chaque village, ce sont les chefs qui sont chargés, chacun en ce qui le concerne, de la police de leurs ressortissants. Quant à la police des marchés et des villes, elle est assurée plus ou moins bien par le Gouvernement qui a établi, il y a quelques années, une organisation rudimentaire dont les agents ont été choisis parmi les anciens soldats.

Les commerçants européens, pour faciliter le transport des marchandises, organisent des convois qui comprennent ordinairement de trente à soixante hommes.

Il arrive assez fréquemment que des convois disparaissent. Les Européens ne peuvent exercer une surveillance effective par eux-mêmes, et malheureusement il ne semble guère qu'on puisse compter pour cela sur le Gouvernement malgache. Le fait suivant édifiera le lecteur sur ce qu'il est permis d'attendre de la police locale : Il y a quelque temps, une des maisons françaises les plus importantes de Tananarive s'étonnait de ne pas voir arriver un convoi qui lui avait été annoncé. De guerre lasse, le directeur de cette maison s'adressa au chef de la police et lui demanda d'envoyer quelques-uns de ses agents à la recherche de son convoi. Celui-ci promet son concours : mais quelle n'est pas la surprise de notre compatriote quand, à quelques jours de là, il acquiert la preuve que son convoi a été enlevé par le chef de la police en personne! Aussitôt, il le mande chez lui et lui administre une maîtresse volée de coups. Le lendemain, le convoi était rendu dans ses magasins.

On s'étonnera peut-être de voir un commerçant européen se faire ainsi justice, de ses propres mains, sur le dos d'un fonctionnaire hova : mais il faut savoir qu'à Madagascar les Européens sont à peu près désarmés à l'égard des indigènes de mauvaise foi, qui ont des rapports d'affaire avec eux. Si, par exemple, un Français est créancier d'un Malgache et que ce Malgache refuse de s'acquitter, il faut, bon gré, mal gré, que le Français, s'il ne veut pas perdre son argent, trouve un moyen matériel de contraindre son débiteur à s'exécuter. Dans ce cas, il tâche de s'emparer de la personne de celui-ci et si notre Malgache persiste à ne pas vouloir payer, alors le Français l'enferme, le met aux fers au besoin et le garde ainsi prisonnier jusqu'à ce que la famille se décide à payer le montant de la créance. Comme les autorités indigènes n'ont pas le droit de pénétrer dans la maison d'un *vazaha*, il ne leur est pas possible de faire cesser cette détention. Les lois du pays, au surplus, autorisent parfaitement le recours à ce mode original de contrainte par corps. Voilà qui donne une haute idée de la sécurité que trouve à Madagascar le négociant qui vient y exposer ses capitaux.

Le premier essai d'organisation d'une armée à l'européenne, chez les Hovas, date du commencement de ce siècle, et fut effectué à l'instigation du Gouverneur de l'île Maurice, sir Robert Farquhar. Deux sergents anglais furent envoyés au roi Radama Ier et instruisirent d'abord un millier de soldats. Quelque temps après, le roi émerveillé des progrès accomplis, augmenta l'effectif de son armée et arriva, dit-on, à avoir quinze mille hommes à peu près disciplinés. Ce commencement d'organisation, quoique des plus primitifs, donna à Radama Ier une supériorité incontestable sur les autres tribus de l'île et lui permit de les combattre et de les soumettre. Il convient de signaler ici les sacrifices que s'imposa l'Angleterre pour arriver à donner à cette armée une apparence d'organisation sérieuse. Elle envoya des fusils, des munitions et même des uniformes. Ces derniers ne furent pas employés ordinairement, mais on les réserva pour les cérémonies publiques. Ils servent encore, de nos jours, pour les sorties de la Reine et dans les parades.

Jusqu'à l'arrivée au pouvoir du premier ministre actuel, l'armée ne reçut aucun perfectionnement. En 1866, Rainilaiarivony la reconstitua — Radama II l'ayant supprimée pendant son règne —, puis il fit promulguer en 1879 une loi militaire qui régit encore maintenant l'armée hova. Il déclara le service obligatoire pour tous les hommes libres, à partir de dix-huit ans. Le service actif avait une durée de cinq ans ; après quoi, les militaires retournaient dans leurs foyers, mais pouvaient toujours être appelés en cas de besoin. Pour les garnisons de provinces, il décréta qu'elles seraient relevées chaque année. Enfin des peines sévères seraient infligées à tous ceux qui essayeraient de se soustraire au service militaire, ainsi qu'à ceux qui les aideraient à s'y soustraire.

En fait, toutes ces réformes n'ont été qu'incomplètement opérées, nombre d'individus, notamment, échappant au service militaire en payant une certaine somme d'argent; d'autres s'y sont soustraits en se faisant accepter comme aides de camp par des officiers, et toujours, bien entendu, moyennant finances. Le premier ministre a tenté de réprimer l'abus des aides de camp, mais ses tentatives, dans ce sens, n'ont pas donné de résultat.

L'armée hova comprend actuellement, sur le pied de guerre, de cinquante à soixante mille hommes. Il est bon d'ajouter à ce chiffre les troupes auxiliaires qui ont été levées depuis notre dernière guerre chez les tribus conquises, notamment chez les Betsiléo, les Antankares, les Betsimisanka et chez quelques tribus du sud de l'île.

La plus grande partie des troupes est actuellement armée de fusils se chargeant par la culasse, de fusils à tabatière et de Remingtons. Sous le rapport de l'armement, de grands progrès ont été réalisés depuis la guerre. Le Gouvernement hova a acheté, en Amérique principalement, des fusils, un certain nombre de canons et des munitions.

Conformément aux usages de leur Gouvernement, les soldats hovas ne sont ni logés, ni nourris, ni vêtus. Même en campagne, ils doivent pourvoir, comme ils l'entendent, à leur subsistance.

C'est à un sergent français, M. Rollin, qui vint à Tananarive au commencement de ce siècle, que l'on doit les distinctions de la hiérarchie militaire hova qui existent encore actuellement. Primitivement, il y eut douze honneurs : le grade de troisième honneur correspondait à celui de sergent et celui de douzième honneur au grade de maréchal de France. Plus tard, on créa des grades supérieurs, soit à l'occasion de services exceptionnels, soit encore pour favoriser certains personnages. On arriva ainsi, peu à peu, au grade de seizième honneur que ne possède maintenant aucun titulaire. Il n'en est pas de même pour les autres grades où les titulaires sont très nombreux. Aussi, le premier ministre a-t-il pris la sage détermination de ne remplacer que dans une faible proportion les vacances qui se produisent. Tous les officiers, comme les fonctionnaires d'ailleurs, n'ayant aucun traitement, usent de leur autorité pour pressurer le peuple afin de se créer des revenus, car dans ce pays tous les moyens de se procurer de l'argent sont licites.

VII

L'île de Madagascar paraît être formée d'un noyau de micaschistes limité, à l'ouest et au sud, par une ceinture de formation jurassique, parfaitement caractérisée par les diverses espèces des fossiles recueillies par M. Grandidier au cours de ses explorations en 1867-1870. D'une manière générale, les calcaires sont rares à Madagascar. Il en existe cependant de vastes couches dans le nord-ouest de l'île. La roche varie naturellement de contexture, de composition et de couleur suivant les endroits. A Majunga, c'est une espèce de dolomite ; elle est grisâtre et plus ou moins compacte. En face de Nossi-Bé, sur la grande terre, on a constaté la présence de calcaires conchyliens très friables. Les hauts plateaux et le versant Est de l'île sont presque totalement composés de roches cristallines où percent, çà et là, des roches éruptives.

Sur la pente Ouest de ce noyau, se sont déposées diverses formations sédimentaires.

Contrairement à ce qu'ont écrit nombre de voyageurs, le vrai granit est relativement rare à Madagascar, et ne forme pas la majeure partie des terrains des hauts plateaux. Les gneiss, au contraire, abondent. On n'y rencontre d'ordinaire aucune trace de fossiles. Les roches éruptives qui percent à travers le terrain primaire sont des basaltes, des trachytes et diverses variétés de porphyres.

Le fer est très abondant à Madagascar : les indigènes l'exploitent d'une manière très primitive ressemblant un peu à la méthode catalane. Ils se servent de charbon de bois pour fondre le minerai ; c'est le seul combustible qu'ils aient, d'ailleurs, à leur disposition.

On a trouvé dans le sud de la capitale de nombreux filons de minerai de cuivre qui paraissent très riches. Un commencement d'exploitation avait été fait par le Gouvernement malgache avec des ingénieurs français, mais il n'a pas été continué. L'étain et le plomb abondent, paraît-il, dans certaines régions du nord et du sud de l'île, mais les indigènes n'exploitent que le plomb, et seulement pour leurs besoins. L'or enfin existe un peu partout dans les alluvions.

Jusqu'ici, il n'a été exploité en grand que par un de nos compatriotes, M. Suberbie, qui traite les sables aurifères de l'Ikopa, à Maevatanana, village situé à moitié route de la capitale à Majunga.

M. Guillemin, ingénieur français, envoyé en 1865 par la « Société de Madagascar », a étudié le bassin houiller de Bavatobe sur la côte Nord-Ouest de l'île, le seul signalé jusqu'à présent. Malheureusement, les travaux n'ont pu être entrepris, la « Société de Madagascar » ayant été dissoute à la mort du roi Radama II. Il conviendrait, afin d'éviter toute méprise, que les études de M. Guillemin soient reprises avant toute tentative d'exploitation.

Les pierres précieuses trouvées à Madagascar : grenat, rubis, etc., n'offrent pas un grand intérêt; elles laissent beaucoup à désirer sous le rapport de la pureté et de la régularité.

Les quelques terrains quaternaires qui existent dans la grande île ont donné lieu à des découvertes très curieuses et du plus haut intérêt au point de vue scientifique. En 1857, Geoffroy-Saint-Hilaire avait reçu des fragments d'œufs énormes provenant du sud de Madagascar, et, à différentes reprises, il avait attiré l'attention de l'Académie des sciences sur cette question. Un tibia bizarre, trouvé près des fragments d'œufs, donnèrent à Geoffroy Saint-Hilaire la pensée qu'ils avaient appartenu à un oiseau gigantesque, qui aurait vécu à une période géologique peu éloignée de la nôtre. Il donna à cet oiseau le nom d'*Œpyornis maximus*. En 1867, M. Grandidier eut la bonne fortune de découvrir plusieurs parties du squelette de cet oiseau, ce qui a permis de le reconstituer presque entièrement.

M. Grandidier découvrit également, vers la même époque, le squelette d'un crocodile énorme qu'on retrouve de nos jours dans le lac Alaotra, au nord de la capitale, et qu'il a appelé *crocodilus robustus*, et celui d'un hippopotame, race qui a aujourd'hui complètement disparu. Ces divers animaux ont été étudiés en France par M. Grandidier, avec la collaboration de MM. Milne-Edwards et Vaillant.

La flore malgache est très riche et renferme un nombre considérable d'espèces qu'on n'a rencontrées nulle-part. Elle a été très sérieusement étudiée dans ces dernières années par des Français, des Anglais et des Norwégiens. En France, le professeur Baillon s'en est occupé tout spécialement. On connait actuellement quatre mille cent espèces de plantes indigènes, mais un grand nombre d'entre elles n'ont pu encore être classées.

Les forêts de Madagascar constituent l'une des principales richesses du pays. Par malheur, pendant des siècles, les indigènes les ont brûlées ou abattues, tantôt pour défricher le sol, tantôt pour se procurer du bois. Ces destructions imprévoyantes n'ont pas seulement fait disparaître un capital précieux; elles ont compromis l'agriculture en exposant aux ravages des eaux de grandes étendues de territoire. Le déboisement est défendu aujourd'hui, mais le mal est fait et, en dépit des efforts du Gouvernement, dans bien des districts, on continue à dévaster les forêts. Quoi qu'il en soit, les surfaces boisées sont encore immenses, et en les exploitant d'après une méthode rationnelle, on pourrait en tirer de sérieuses ressources. Les essences qui ont une valeur commerciale y sont, en effet, représentées par de nombreuses variétés, et beaucoup d'arbres y atteignent des hauteurs peu communes.

Comme bois de construction, de menuiserie et d'ébénisterie, on y trouve notamment le *lalona* (Weinmannia bojeriana), l'*ambra* (espèce de tambourissa), le *lambinana* (espèce de nuxia), le *hetatra* (Podocarpus Madagascariensis), des variétés d'ébénier et de bois de rose, le palissandre, etc.

Une foule d'arbres fruitiers de la zone tropicale y croissent à l'état sauvage : le bananier, le pamplemoussier, le papayer, le jacquier, le cocotier, le letchi, l'oranger, le citronnier, le limonier, le pêcher, le mûrier, etc. La plupart de ces dernières essences, outre les services qu'elles peuvent rendre à l'agriculture, sont susceptibles d'être utilisées comme bois d'œuvre.

Le caoutchouc, extrait de la liane (Vahea gummifera Madagascariensis), a été jadis très commun. Il tend maintenant à disparaître. Pendant la guerre avec la France, l'argent étant rare, c'est avec des cargaisons de caoutchouc que les Hovas payaient les armes que venaient leur apporter les Américains. On a détruit à ce moment des milliers de lianes. Depuis lors, les hauts prix qu'atteint le caoutchouc ont excité la cupidité des indigènes. Ils exploitent leurs forêts à outrance, coupant les tiges par le pied pour en extraire plus facilement le lait. Il est facile de prévoir que, dans ces conditions, le produit ne tardera pas à devenir introuvable. Le caoutchouc est, après les peaux dont nous parlerons tout à l'heure, l'article qui fournit le plus à l'exportation. La valeur des quantités qui transitent annuellement en douane s'élève à douze ou quinze cent mille francs. La gomme copal est également très recherchée : elle se vend presque aussi cher que le caoutchouc.

La faune malgache est des plus variées et se compose en majeure partie d'espèces originales. Elle ne ressemble en rien à celle du continent africain, et paraît plutôt se rapprocher de celle de quelques îles de l'Océanie. Cette analogie est un argument sérieux en faveur d'une théorie sur l'origine de la grande île Madécasse, d'après laquelle celle-ci, avec une partie de l'Océanie, aurait jadis appartenu à un immense continent aujourd'hui disparu.

Les mammifères sont peu nombreux et ne sont représentés que par un nombre restreint d'espèces. Les lémuriens sont de beaucoup les plus nombreux. On en connaît neuf genres ; les uns sont diurnes, les autres nocturnes. Par leur dentition, ils semblent être carnivores ; ils ne se nourrissent cependant que de végétaux et probablement d'insectes. Certains genres s'apprivoisent facilement ; d'autres sont rebelles à tout dressage. Ces animaux ont été remarquablement étudiés en France par MM. Grandidier et Milne-Edwards.

Il existe plusieurs variétés de civettes et de hérissons.

Un quadrupède bien curieux à Madagascar est le *fosa* (cryptoprocta ferox). C'est, je crois, le seul carnivore malgache. Cet animal est un félin un peu plus petit que le renard, plantigrade des pieds de devant et digitigrade de ceux de derrière. C'est, sans doute, le seul animal qui existe présentant cette bizarrerie. Le *fosa* a été étudié par M. Grandidier.

Il existe à Madagascar un nombre considérable d'oiseaux qui ont fait l'objet d'études spéciales depuis une vingtaine d'années. Les plus remarquables sont : le *voromahery* (falco communis), et le *hitsikitsika*, espèce d'épervier de petite taille qui se perche sur le faîte des cases. Cet animal est considéré par les Malgaches comme un oiseau de bon augure qu'il est défendu de tuer. Il y a encore le *fody* ou cardinal. On connait aussi quatre variétés de hérons, six espèces de canards sauvages et une bécassine ressemblant, comme taille, à la bécasse de nos régions.

Les serpents sont nombreux, mais aucun n'est vénimeux. On a étudié plusieurs variétés de lézards et de caméléons.

Les rivières et les lacs sont infestés de crocodiles. Les crocodiles des rivières *(crocodilus Madagascariensis)* diffèrent très peu de leurs congénères du Nil. Les crocodiles des lacs *(crocodilus robustus)* sont plus gros que les précédents; ils appartiennent à une variété aujourd'hui disparue des rivières, mais dont M. Grandidier a découvert des squelettes fossiles dans la baie de Saint-Augustin, ce qui permet de supposer qu'ils ont autrefois peuplé aussi les rivières de Madagascar.

Les insectes, à l'exception des lépidoptères, sont encore peu connus et offrent un vaste champ d'étude aux entomologistes. La grande île possède une multitude de papillons parmi lesquels on trouve les plus belles espèces qui soient au monde. M. Grandidier s'est livré à une étude approfondie de la question et a publié plusieurs albums d'une grande valeur.

Nous allons maintenant nous occuper des animaux domestiques indigènes ou introduits dans l'île.

La région des plateaux est celle qui a le plus souffert du déboisement. En revanche, les dépressions du sol, où les eaux ont accumulé une épaisse couche de terre, offrent d'admirables pâturages. La contrée se prête donc tout particulièrement à l'élevage du bétail, et, en effet, cette industrie y est très prospère.

Les troupeaux de bœufs se comptent par milliers. Les animaux appartiennent, les uns à la race du Cap, les autres aux diverses races indiennes connues sous le nom générique de *zébus*. Habituellement, on les laisse vivre en plein air : ils sont simplement surveillés ou parqués. Les Hovas s'en servent comme bêtes de culture et comme bêtes de somme. Quand il s'agit de préparer un champ pour la semaille, presque toujours on y amène un troupeau qu'on y laisse séjourner plus ou moins longtemps. Les excréments des animaux fécondent le sol, tandis que leurs piétinements en défoncent la surface. Il ne reste plus, après cela, qu'à remuer légèrement la terre avec la bêche. Ce mode rudimentaire de fumure et de labour est à peu près le seul connu des habitants. Le bœuf est employé d'autre part pour porter des fardeaux, parfois même comme monture. La variété des zébus à cornes hautes fournit, en outre, une viande de boucherie très appréciée.

Ce sont presque exclusivement ces derniers qu'on exporte à la Réunion et à Maurice. Il en sort environ douze mille chaque année par les ports de la côte orientale. Mais ce commerce présentant beaucoup de difficultés, on commence à préférer un autre système, qui consiste à abattre les animaux et à transformer leur viande en salaisons. C'est à cet usage qu'est employé principalement le sel qu'on fait venir de Marseille. Il serait facile de donner de l'extension à cette industrie en créant des salines sur place. On pourrait, en même temps, créer des usines pour la fabrication des conserves de viande : celles-ci seraient susceptibles alors de s'exporter à très grande distance. Dans l'intérieur, le prix d'un bœuf sur pied est de vingt-cinq francs en moyenne. On voit que les industriels auraient une belle marge pour réaliser des bénéfices.

La viande, d'ailleurs, n'est pas le seul élément que l'abatage des animaux permette d'utiliser. Il y a aussi les os, le sang, les cornes, la peau. Or, à l'heure actuelle, on ne sait guère tirer parti que des cornes et de la peau. Avec les cornes, les ouvriers du pays confectionnent de menus ouvrages. Quant aux peaux, on les vend en masse aux Américains, mais à bas prix. Elles valent de cinq à huit francs, toutes préparées, c'est-à-dire séchées et empaquetées. On estime qu'il en sort trois cent mille par an, représentant une valeur de près de deux millions. C'est le plus important des articles d'exportation. Jadis, Laborde avait annexé des tanneries à ses établissements. L'idée était heureuse, car, ainsi qu'on vient de le voir, la fabrication des cuirs peut se faire à Madagascar à un bon marché exceptionnel. Les installations de Laborde ont disparu, mais la tannerie a persisté : seulement elle végète. Celui qui entreprendrait de la restaurer aurait chance de faire fortune.

Les moutons, les chèvres et les porcs, moins nombreux que les bœufs, sont néanmoins fort répandus, surtout chez les Hovas. Les moutons sont d'origine indigène ; les chèvres et les porcs sont des animaux d'importation. La chair du mouton laisse à désirer en dépit de la qualité des pâturages ; l'espèce aurait besoin d'être améliorée. Les naturels font peu de cas de la laine qu'ils ne savent pas travailler. Par contre, ils connaissent très bien la valeur de la peau, qui est devenue, dans ces derniers temps, un objet d'exportation presque aussi prisé que la peau de bœuf. L'espèce caprine vit, partie à l'état domestique, partie à l'état sauvage. Elle est également appréciée pour son cuir. On évalue à quarante mille le nombre des peaux de chèvres et de moutons expédiées au dehors chaque année.

Quant aux porcs, on les élève tout spécialement pour la graisse qu'ils fournissent et qu'on vend par quintaux aux habitants des Mascareignes.

On a essayé plusieurs fois, on essaye de nouveau en ce moment, d'acclimater dans le pays des chevaux, des ânes et des mulets. Ces animaux rendraient, en effet, d'immenses services dans la région si accidentée des hauts plateaux. Ils y vivent sans difficulté, mais les Hovas ont reculé jusqu'ici devant les soins qu'exigent et leur reproduction et leur première éducation. Il faut dire que le mauvais état des chemins ne permet pas toujours de les employer.

La plupart des volailles de nos basses-cours se retrouvent à Madagascar. Toutes les espèces y pullulent et sont d'une grande ressource pour la table.

Les Malgaches pratiquent avec succès un autre genre d'élevage, celui du ver à soie. Il y a dans l'île une chenille indigène qui vit sur la feuille de l'ambrevadier et donne une soie moins fine que les nôtres, mais très solide. On a fait venir récemment quelques spécimens des espèces de l'Extrême-Orient, de celles qui se nourrissent de la feuille du mûrier. Le mûrier étant très commun à Madagascar et la température favorable, l'essai a été heureux. Depuis longtemps, du reste, les habitants s'occupent de la production, de la filature et du tissage de la soie. L'Imérina possède un bon nombre de petites magnaneries et ses tisserands sont très habiles. Ils fabriquent des étoffes de soie pure d'un bel aspect, ainsi que des étoffes mélangées en soie et coton qui ne sont point à dédaigner. Il y aurait néanmoins beaucoup à faire pour perfectionner leurs procédés.

Nous signalerons enfin, pour mémoire, divers autres produits qui, sans être à proprement parler des produits de l'élevage, peuvent toutefois être classés avec ces derniers. Le plus important est la cire. Quoique l'apiculture soit inconnue à Madagascar, l'abeille y abonde : seulement, elle vit à l'état sauvage dans les forêts. Ses ruches fournissent d'excellente cire et du miel très estimé. La cire s'exporte en quantités énormes, car, si l'on en croit les statistiques douanières, la valeur du stock expédié chaque année au dehors dépasse celle du bétail qu'on envoie à Maurice et à la Réunion. Il se fait aussi un commerce assez actif de poissons secs et d'écailles de tortues. On trouve, en effet, sur le littoral une grande quantité de tortues de terre et de mer. L'une d'elles, le caret, fournit une sorte d'écaille très demandée par le commerce,

Dans l'Imérina la vie matérielle est peu coûteuse pour les étrangers qui consentent à vivre à la malgache. On se loge à très bon compte. Un domestique ne coûte pas plus de dix francs par mois, et avec cette somme il est obligé de se nourrir. Les frais de table sont extrêmement modestes : un poulet se paye trente centimes ; un canard ou une oie, de quarante à cinquante centimes ; un dindonneau, de un franc à un franc cinquante ; un filet de bœuf entier, de quarante à cinquante centimes ; un kilo de café, un franc ; le reste à l'avenant. En revanche, les comestibles d'importation atteignent des prix très élevés ; ainsi, le pain fabriqué avec de la farine venue d'Europe, revient à un franc dix ou un franc vingt le kilo ; une bouteille de vin ordinaire, de soixante-quinze centilitres, à un franc cinquante et plus. Il va sans dire que les autres articles d'importation, meubles, vêtements, et en général tous les objets de luxe, se vendent très cher. Les frais de transport les écrasent, sans compter que les commerçants sont tenus de majorer les prix à proportion de leurs risques.

La main-d'œuvre est abondante et à bon marché. Comme la population vit à peu de frais, elle se contente de salaires minimes. Les ouvriers d'art, carriers, tailleurs de pierre, maçons, charpentiers, menuisiers, forgerons, briquetiers, potiers, verriers, etc., sont payés de cinquante centimes à un franc par jour. Les petits artisans, qui travaillent à domicile, ébénistes, tisserands, vanniers, fabricants d'ouvrages en corne ou en filigrane, gagnent à peu près la même somme. Les individus employés comme manœuvres ne reçoivent guère que quarante ou cinquante centimes. Un ouvrier particulièrement habile peut, dans certaines professions, arriver à se faire un franc vingt-cinq par jour, mais c'est une exception. Parmi les hommes occupés à la construction de la Résidence générale, il y en a quelques-uns dont le salaire atteint ce chiffre: ce sont naturellement les plus capables. On emploie couramment des femmes sur la plupart des chantiers : elles servent d'auxiliaires, notamment pour le transport des matériaux. On leur donne de vingt à trente centimes par jour. Les chiffres ci-dessus sont sensiblement les mêmes que ceux que le colonel Rocard a consignés dans son rapport et qui se réfèrent à l'année 1887. Bien que mes constatations soient de quatre ans postérieures aux siennes, je n'ai pas remarqué de changement appréciable dans les tarifs.

Ce bon marché de la main-d'œuvre mérite de

fixer l'attention. Un pays où le travailleur se contente d'une rémunération aussi faible, où les bras ne manquent point, où la classe laborieuse est intelligente et adroite, un tel pays, dis-je, est manifestement placé dans d'excellentes conditions pour produire. Une foule d'industries pourraient s'y développer et y prospérer si des Européens prenaient la direction du travail.

Le commerce est passablement actif. Toutes les semaines, il se tient à Tananarive un marché où les indigènes se rendent de plusieurs lieues à la ronde. Ils y amènent des bestiaux, y apportent leurs denrées, en échange desquelles ils se munissent de tissus, de rhum, d'objets manufacturés. De gros négociants hovas, espèces de commissionnaires, y achètent en masse les produits d'exportation, peaux, caoutchouc, riz, etc. Ce mouvement d'affaires serait infiniment plus considérable si la difficulté des communications ne venait paralyser les transports. Le Hova a l'instinct du négoce : on l'a souvent comparé au Chinois pour ses aptitudes commerciales.

Il est utile de faire observer, de plus, que la population est une race essentiellement agricole. Le déboisement des montagnes, qui expose sans cesse les terres aux ravages des eaux, oblige le cultivateur hova à faire des miracles pour protéger ses récoltes. Il soigne ses champs avec amour. Sa patience, son endurance sont incomparables. Malheureusement, il ne connaît que des méthodes et des instruments aratoires bien imparfaits, et les Européens auraient beaucoup à lui apprendre. Il convient d'ajouter toutefois que le régime de la propriété foncière, tel qu'il résulte de la législation malgache, oppose de grands obstacles au développement de l'agriculture locale. On sait qu'à Madagascar toutes les terres appartiennent à l'État : le particulier, quel qu'il soit, n'est jamais qu'un simple usufruitier à titre précaire. Il tient son domaine du bon plaisir du Gouvernement, et celui-ci conserve le droit de le déposséder au bout d'un certain délai. Or, bien que ce droit ne soit qu'assez rarement exercé, il fait peser sur tous les détenteurs du sol une telle menace que chacun d'eux hésite à améliorer son fonds.

En somme, l'agriculture se heurte à Madagascar aux mêmes inconvénients que dans tous les pays où la propriété individuelle n'existe pas. Le système des baux emphytéotiques à long terme atténue, il est vrai, ces inconvénients. Mais ce n'est qu'un palliatif.

Les espèces d'or n'ont pas cours dans le pays. La seule monnaie qu'acceptent les indigènes est notre pièce de cinq francs d'argent. Cette même pièce, débitée en fragments plus ou moins volumineux, joue le rôle de monnaie divisionnaire. On la coupe en deux, en quatre, en huit morceaux, etc., afin de se procurer des unités pour les petits payements. Ces morceaux portent les noms ci-après, suivant leur poids :

Loso.	valeur fr.	2 50
Kirobo.	—	1 25
Sikajy.	—	0 62 $^{1}/_{2}$
Voamena	—	0 20 $^{5}/_{6}$
Ilavoamena	—	0 10 $^{5}/_{12}$
Variraiventy	—	0 06 $^{2}/_{3}$

Il va de soi que ces coupures, quoique faites avec grand soin, ne représentent jamais exactement le poids de métal auquel elles sont censées correspondre. Outre que la taille entraîne forcément une petite perte, les procédés de découpage sont si imparfaits qu'ils ne permettent pas d'arriver à une mensuration précise. Il y a donc des différences de valeur entre les coupures de même espèce. Aussi, les marchands indigènes sont-ils toujours munis de balances, avec lesquelles ils contrôlent le poids des lingots qui leur sont donnés en payement. Cela revient à dire qu'il n'y a pas de véritable monnaie divisionnaire à Madagascar, ce qui ne laisse pas d'offrir quelques inconvénients pour les transactions.

Les poids en usage sont le kilogramme et la livre anglaise. Le litre, avec subdivisions, sert de mesure de capacité. Pour les mesures de longueur, on compte par *yard* anglais. Il faut espérer qu'un jour nous ferons prévaloir dans l'île l'intégralité de notre système métrique. Nous l'avons introduit en Algérie et en Tunisie, où certes l'opération présentait de plus grandes difficultés, puisqu'il s'agissait de bouleverser les habitudes séculaires de la population. A Madagascar, au contraire, le terrain est tout préparé, l'emploi de la plupart de nos types de mesures étant entré dans les mœurs.

Comme nous avons déjà eu l'occasion de le dire, Tananarive est reliée à Tamatave par une ligne télégraphique. C'est à l'initiative patriotique de M. Le Myre de Vilers que l'on doit la construction de ce magnifique travail. Le voyageur, qui se rend à la capitale, ne cesse d'être émerveillé par les difficultés de toute nature auxquelles ont dû être en butte les agents de l'Administration des télégraphes, envoyés de France en décembre 1886, véritables pionniers de la civilisation qui, en plein pays sauvage, dans une région particulièrement malsaine, sans relation avec le monde civilisé, sont arrivés en dix mois au résultat demandé, avec un courage au-dessus de tout éloge.

Le service postal français, assuré au moyen de courriers pédestres, rayonne dans toute l'étendue de la grande île.

Tananarive est reliée, deux fois par semaine, à Tamatave ; deux fois par mois, à Fianarantsoa, et mensuellement, à Majunga. Tamatave envoie chaque mois un courrier dans la baie d'Antongil, et hebdomadairement des courriers dans le sud jusqu'à Fort-Dauphin. De plus, Fianarantsoa est réuni une fois par semaine à Mananjary, sur la côte Est, qui communique à son tour avec Tamatave. Enfin, un petit vapeur de la Compagnie des Messageries Maritimes, le *Mpanjaka*, fait mensuellement le service postal de la côte Ouest de Madagascar, depuis Nossi-Bé jusqu'à Nossi-Vé, avec escales à Morotsangarna, Majunga, Maintirano et Morondava.

Un seul journal français paraît hebdomadairement à Tananarive: c'est le *Progrès de l'Imérina*. Il est reproduit, en partie, par un organe en langue malgache, le *Ny Malagasy*, et est tout spécialement destiné à étendre notre influence dans le pays. Cette feuille, imprimée à un grand nombre d'exemplaires, est envoyée dans tous les points de l'île et jouit d'une certaine autorité auprès des indigènes. Les Anglais publient également chaque semaine un journal qui nous est très hostile, le *Madagascar News*. A l'imitation du *Progrès de l'Imérina*, la feuille anglaise a fondé un journal malgache qui s'inspire de sa politique et qui porte le titre de *Filazalazara Malagasy*. Les missions évangéliques anglaises font aussi paraître, tous les quinze jours, des Revues ou des journaux de propagande religieuse. Bien entendu, ils traitent aussi de politique et naturellement de politique anti-française. Nous devons signaler enfin, pour être complet, le journal officiel de S. M. Ranavalo III, le *Ny Gazety Malagasy*, qui paraît très irrégulièrement, et qui publie les actes officiels du Gouvernement hova.

VIII

On sait que les Hovas n'ont jamais accepté franchement le traité de 1885, qui nous a conféré le protectorat de leur pays et le privilège de représenter le Gouvernement de la Reine dans ses rapports avec les Puissances étrangères. De là sont nés les innombrables incidents qui, depuis six ans, ont mis périodiquement les autorités malgaches en conflit avec nos résidents généraux.

Il serait puéril de le dissimuler : à cet égard, nous ne sommes pas plus avancés aujourd'hui qu'il y a six ans. Notre situation politique dans l'île est aussi incertaine, aussi mal affermie qu'au lendemain de la signature du traité. A toute minute, nos agents se heurtent au mauvais vouloir des ministres de la Reine, qui, sans nier positivement nos droits, s'ingénient de mille manières à les méconnaître, à les violer. Il n'y a pas lieu d'en être surpris, car véritablement nous semblons prendre à tâche d'encourager leurs entreprises. Nous suivons, en effet, vis-à-vis des Hovas, une politique d'extrême modération, qui n'est point de mise avec eux. Un tel peuple ne comprend pas la modération : il l'interprète comme un signe de pusillanimité et de faiblesse. Plus nous le ménageons, plus il se persuade qu'il peut nous braver impunément.

On l'a dit maintes fois, pour mettre fin à cette situation équivoque, il suffirait que nous prissions une attitude ferme et décidée. Le jour où nous paraîtrions résolus à exiger, coûte que coûte, l'exécution loyale du traité de 1885, on verrait nos adversaires d'aujourd'hui devenir subitement souples et dociles. Mais on ne se rend pas compte de cette vérité à Paris. On craint des complications, on se laisse impressionner par des périls imaginaires ; au lieu d'agir, on temporise. C'est un très mauvais système. Le plus sûr moyen de prévenir un conflit avec les Hovas est de couper court, une fois pour toutes, par une action énergique, aux espérances et aux intrigues de nos ennemis.

Lorsqu'en 1890 l'Angleterre et l'Allemagne se décidèrent à reconnaître notre protectorat sur Madagascar, on put croire un moment que notre ligne de conduite allait enfin changer. L'occasion, en effet, était propice. Deux grandes Puissances, qui jusque-là avaient considéré le traité de 1885 comme non avenu, venaient d'y adhérer solennellement. Elles s'engageaient à en observer les clauses, acceptaient notre suprématie, renonçaient à nous faire échec. Dès lors, rien n'était plus facile que d'imposer au Gouvernement hova le respect des engagements qu'il a contractés envers nous.

Les Malgaches ne s'y méprirent point. Quand le premier ministre Rainilaiarivony apprit la conclusion des accords passés avec les Cabinets de Londres et de Berlin, quand il connut le discours prononcé par M. Ribot à la Chambre des députés et le dépôt du projet de loi portant établissement de la juridiction française à Madagascar, il tomba, dit-on, dans un violent désespoir. Il crut que nous étions décidés à en finir et que bientôt il n'aurait plus le choix qu'entre une rupture ouverte ou la soumission.

Malheureusement, nous n'avons pas su profiter des circonstances. Nos belles démonstrations sont restées sans suite, si bien que peu à peu les Malgaches se sont remis de leur émotion et qu'à l'heure actuelle ils se montrent plus intraitables que jamais.

Un nouvel incident qui vient de surgir nous

apprend jusqu'où peut aller leur arrogance : En novembre 1890, M. Tappenbeck fut nommé consul d'Allemagne à Madagascar. Conformément aux ordres de son Gouvernement, il présenta aussitôt sa demande d'exequatur au premier ministre, par l'intermédiaire de notre résident général, M. Bompard. Que fit le premier ministre? Il protesta, il s'indigna, déclarant qu'il n'accueillerait jamais cette demande tant qu'elle ne lui serait pas soumise directement par le nouveau consul. Depuis lors, on négocie; mais jusqu'à ce jour nous n'avons rien obtenu. Que doit penser l'Allemagne? Que doivent penser les autres puissances?

Ce simple fait montre que, non seulement nous n'avons fait aucun progrès à Madagascar, mais que nous y avons perdu du terrain. On se rappelle qu'en 1887 un incident identique s'était déjà produit : M. Campbell, consul des États-Unis, ayant sollicité son exequatur par l'entremise de M. le résident général Le Myre de Vilers, le premier ministre répondit par un refus hautain et formel. Six mois se passèrent en pourparlers : le premier ministre resta inflexible. Enfin, M. Campbell, fatigué de ces lenteurs, avisa un beau jour M. Le Myre de Vilers que les intérêts de ses nationaux ne lui permettant plus d'attendre, il allait demander à son Gouvernement l'autorisation de régler directement l'affaire avec Rainilaiarivony. C'est alors que notre résident général, après avoir inutilement tenté un dernier effort auprès du premier ministre, amena son pavillon.

Cet acte d'énergie fit réfléchir les Malgaches. Ils n'avaient pas encore eu le temps d'oublier les maux que leur avait causés la guerre contre les Français. Ils s'effrayèrent à la pensée de repasser par les mêmes épreuves. Rainilaiarivony s'empressa de rouvrir les négociations et promit de satisfaire à la demande du consul américain.

L'accord se fit sur les bases suivantes : le ministre accorderait et transmettrait lui-même l'exequatur, mais l'acte serait complété par cette formule additionnelle : « Le résident général de la République française a connaissance du présent exequatur ». C'est là tout ce que notre représentant avait pu obtenir.

C'était beaucoup, néanmoins, si l'on songe que pendant six mois le premier ministre s'était obstinément refusé à la moindre concession. En fin de compte, la question de forme mise à part, c'est lui qui avait cédé. Il avait explicitement reconnu notre droit d'intervention. Ce point capital était acquis.

A partir de ce moment, notre conduite était toute tracée. Il fallait tirer parti de ce premier avantage, lui faire produire graduellement toutes ses conséquences. Il semble qu'avec un peu de bonne volonté et d'esprit de suite on y serait parvenu. Mais la politique inaugurée par M. Le Myre de Vilers n'a point été continuée. Nous avons laissé les Hovas reprendre toute leur assurance. Ils ont oublié les événements de 1887, si bien qu'à l'heure actuelle tout est à recommencer.

. . .

En ce moment, la question de l'exequatur se pose pour M. Tappenbeck, exactement comme elle se posait, il y a quatre ans, pour M. Campbell. Le premier ministre refuse de délivrer au nouveau consul d'Allemagne l'autorisation qui lui est nécessaire, tant que notre résident général persistera à s'entremettre. Voilà où nous en sommes. Voilà comment s'exécutent et notre traité de 1885 avec les Hovas et notre convention de 1890 avec l'Allemagne.

Quelle décision va prendre le Gouvernement français ? M. Tappenbeck ne peut pas attendre indéfiniment qu'il plaise au premier ministre de se mettre d'accord avec nous : un jour ou l'autre, le Cabinet de Berlin perdra patience et exigera une solution. Il faut donc, bon gré, mal gré, que l'affaire se règle à bref délai. Or, à moins que nous ne nous résignions à abandonner tous nos droits, elle ne peut se régler que conformément à nos prétentions. Le traité de 1885 doit être appliqué à la lettre. Aux termes de ce traité, notre résident général préside aux relations du Gouvernement malgache avec les Puissances étrangères : par conséquent, rien ne peut se faire en dehors de lui ou sans lui. Si le premier ministre s'obstine à vouloir se passer du concours de notre représentant, celui-ci n'a qu'une chose à faire : qu'il se passe lui-même du concours du premier ministre et qu'il délivre directement l'exequatur à M. Tappenbeck. Les Malgaches y regarderont à deux fois avant de relever le gant.

Depuis la signature de la convention du 5 août 1890, le Cabinet de Londres a cessé de faire systématiquement échec à notre protectorat. Il observe loyalement le traité, et certes nous avons lieu de nous réjouir de ce changement d'attitude. Mais si les représentants officiels de l'Angleterre s'abstiennent de nous susciter les mêmes embarras qu'autrefois, il en est autrement des sujets britanniques établis dans l'île. Eux n'ont pas désarmé : aujourd'hui comme hier, ils sont les adversaires acharnés de l'influence française, l'âme de la résistance à toutes nos entreprises.

Loin de calmer les ardeurs de la colonie anglaise, la convention de 1890 n'a fait que les surexciter. Missionnaires et négociants se refusent à accepter les conséquences du nouvel ordre de choses. Ils accusent hautement le Cabinet de Londres d'avoir trahi leurs intérêts, de les avoir lâchement sacrifiés aux convoitises françaises. Et ces accusations, on ne les murmure pas à mi-voix : on les formule publiquement dans les lettres de protestation adressées à la reine Victoria.

Une de ces lettres, émanée de la colonie anglaise de Tamatave, a été reproduite, il y a quelques mois, par les journaux de notre pays. Elle était dure jusqu'à l'insulte pour le ministre qui a signé l'arrangement de 1890. Voici quelques passages d'une autre adresse, rédigée, celle-ci, par les Anglais de Tananarive et expédiée à la reine au mois d'octobre dernier. On jugera, par le ton de ce document, de la colère qui anime nos gracieux rivaux :

« Non seulement, disent les signataires, le

« fait d'avoir étendu la juridiction française sur « toute l'île de Madagascar sera un sérieux « obstacle au commerce britannique, mais « encore une telle action de la part du Gouver- « nement de Votre Majesté ne peut manquer de « produire des résultats désastreux pour ceux de « ses sujets qui sont ici. Bien plus, il montrera « au peuple malgache qu'il ne doit plus ajouter « foi à la parole d'un homme d'État anglais, « qu'il tenait autrefois en honneur et estime. « C'est un fait à notre connaissance que, sur ce « point, le Gouvernement hova a déjà son opi- « nion faite, peut-être à tort, mais très sévère.

« Les limites de cette pétition ne nous per- « mettent pas d'entrer dans les détails de l'aban- « don de nos droits qui a été fait par le Gouver- « nement de Votre Majesté ; mais la situation « peut être brièvement résumée en disant que « le secrétaire d'État pour les Affaires étrangè- « res, sans consulter le Parlement, a jugé conve- « nable de reconnaître le protectorat réclamé « par la France sur Madagascar, protectorat qui « n'a aucune existence de fait.

« Le Ministère des Affaires étrangères britan- « nique a complété cette action extraordinaire, « en donnant l'ordre péremptoire aux consuls « de Votre Majesté de traiter toutes les affaires

« avec ce pays par l'intermédiaire du résident
« général français. L'effet de semblables procé-
« dés est non seulement d'annuler l'influence
« des sujets britanniques, qui se trouvent ainsi
« placés sous la juridiction française, mais
« encore il en résulte pour notre pays une
« défaite politique. En effet, le Gouvernement
« malgache, prenant position sur les traités qui
« n'ont jamais été transgressés ni annulés en
« totalité — et nous l'approuvons en cela —
« refuse avec justice d'accepter ce canal de com-
« munication.

« Le commerce est, en conséquence, toujours
« stagnant, et, dans plus d'un cas déjà, les in-
« térêts britanniques à Madagascar ont été mis
« en péril.

« Dans le ferme espoir qu'il n'est pas encore
« trop tard pour voir la justice rendue et les
« traités respectés, nous, soussignés, adressons
« cette humble pétition à Votre très Gracieuse
« Majesté. »

Ainsi, la colonie anglaise s'insurge contre le traité de 1890; elle exprime l'espoir que cet arrangement ne sera pas maintenu. A coup sûr, il ne faut pas prendre ses déclamations au tragique. L'Angleterre nous a donné sa parole : jusqu'à preuve du contraire, nous devons croire qu'elle la tiendra.

Mais il ne faudrait pas non plus nous endormir dans une sécurité trompeuse. Il est clair que les sujets britanniques établis à Madagascar ne se résigneront pas de longtemps à subir le protectorat français. Nous devons nous attendre de leur part à un redoublement de manifestations hostiles. Dès lors, tenons-nous sur nos gardes. Les Anglais sont toujours puissants là-bas : il serait imprudent de l'oublier.

IX

Dans les premiers jours d'octobre, après avoir pris congé de toutes les personnes avec lesquelles j'avais été en relations, et avoir formé mon escorte de porteurs de *filanzane* et de bagages, je quitte Tananarive.

Mes compatriotes toulonnais, qui, pendant mon séjour, ont été pour moi d'une amabilité parfaite, m'accompagnent jusqu'au dehors de la ville. Là, ils me quittent après m'avoir souhaité bon et heureux voyage.

Me voilà seul en route pour Tamatave.

La première étape se fait par un temps superbe. Je m'arrête au village d'Antalatakély pour y déjeuner et y faire reposer mes *bourzanes ;* puis je me remets en route. Après avoir traversé le village d'Ankeramadinika, je pénètre dans la forêt d'Ambodinangavo dont les sentiers sont fort mauvais ; ce ne sont que montées à pic et descentes vertigineuses. A peine y suis-je entré que la pluie commence à tomber, fine d'abord, puis avec une violence extrême et régulière. La nuit arrive rapidement, et comme je ne suis entouré que d'arbres de haute futaie tapissés de liane, l'obscurité est complète.

Le terrain argileux est rapidement détrempé par la quantité d'eau qui tombe depuis plusieurs heures. Aussi les *bourzanes* glissent-ils à chaque instant et n'avancent-ils que très lentement et avec les plus grandes difficultés. Aucune habitation en perspective, pas le moindre abri dans la forêt. Il faut donc, quand même, poursuivre la route sous la pluie et dans des conditions fort défectueuses. Il fait tellement noir que j'ai de la peine à distinguer les *bourzanes* qui sont devant moi à un mètre de distance. A chaque pas, je m'attends à rouler avec eux au fond de quelque précipice. Enfin, grâce à leur habileté et à leur parfaite connaissance du pays, je sors de la forêt sain et sauf. A onze heures du soir, j'arrive au village, toujours accompagné d'une pluie diluvienne.

Après avoir fait allumer un bon feu dans la case pour me réchauffer, j'attends mes porteurs de provisions et de bagages, qui n'arrivent pas. Il est plus de minuit. Impatienté d'attendre en vain, je suis pourtant heureux de pouvoir, à une heure aussi tardive, me procurer deux œufs qui forment le menu de mon dîner. Après ce repas plus que léger, je m'allonge, complètement brisé, sur ma natte pour me reposer des fatigues de la journée.

Le lendemain, je gagne le village de Moramanga où le chef des *bourzanes* m'assure que mes porteurs de provisions et de bagages doivent venir m'y rejoindre. A peine venais-je de m'installer dans ma case que j'ai la bonne fortune de voir arriver le capitaine Drude (1), commandant l'escorte à Tananarive, et M. Ranchot (2), vice-résident de France à Majunga, se rendant tous deux à la capitale et s'arrêtant à Moramanga pour y passer la nuit. J'explique à mes compatriotes ma situation embarrassée. Comme ils parlent la langue du pays, ils ont l'obligeance d'interroger les indigènes et j'apprends par eux que mes porteurs se sont enfuis, abandonnant mes provisions et mes bagages à Ankeramadinika. Sur leurs conseils, j'envoie

(1) M. Drude est aujourd'hui chef de bataillon au 4e régiment d'infanterie de marine à Toulon.

(2) Avant mon départ pour Madagascar, j'avais eu l'honneur de faire la connaissance de M. Ranchot au Ministère des Affaires étrangères.

mon *commandeur* et les autres porteurs dans ce village pour aller les rechercher, ce qui m'oblige à rester seul avec les deux singes que j'avais capturés dans la forêt en allant à la capitale, et à séjourner pendant trois jours à Moramanga.

Comme depuis vingt-quatre heures je n'avais pris, pour toute nourriture, que deux œufs, c'est avec le plus vif plaisir que j'accepte l'aimable invitation à dîner qui m'est faite par mes compatriotes, et c'est avec un robuste appétit que je fais honneur à ce repas providentiel. C'est également avec une vive reconnaissance que j'accepte le pain et le vin qu'ils me laissent à leur départ, et qui me permettront d'attendre l'arrivée de mes provisions. Dans ma situation, c'était un cadeau royal que ces messieurs me faisaient.

Dans le village, qui est un des plus importants que l'on rencontre sur la route, on se procure à bon marché du poisson de rivière, de la viande, de la volaille et des fruits. Avec le pain et le vin qui m'avaient été si gracieusement offerts, je pouvais attendre assez facilement le retour de mes hommes d'escorte.

Mes trois journées de séjour forcé furent consacrées à visiter les environs. Une plaine immense de plusieurs milliers d'hectares, complètement inculte, se déroule, en sortant du village, du côté de Tananarive. Une partie de cette plaine vient d'être concédée à des Anglais qui se proposent d'y créer une plantation de caféiers. Dans la partie située vers l'est, se trouvent les propriétés des indigènes, plantées en thés, caféiers et cannes à sucre, le tout très mal entretenu. De mauvaises herbes dévorent toutes ces plantations sans que les propriétaires aient seulement l'idée de les faire enlever. Ils sont trop paresseux pour cela.

J'avais formé le projet d'aller, dans la soirée, vers le bas du village, prendre un bain dans la rivière qui y passe, sachant qu'il n'y avait pas de caïmans. Mais Delphin, le créole de la Réunion dont il a été parlé, me conseille de ne pas mettre mon projet à exécution, si je ne voulais pas exposer mon corps à être immédiatement dévoré par les myriades de superbes sangsues qui y pullulent. Il m'entretient également de tous les ennuis et de toutes les vexations dont sont victimes, de la part des Hovas, les commerçants français qui viennent dans l'intérieur pour s'y livrer au négoce.

Je peux enfin me remettre en route après être rentré en possession de mes bagages. Quant à mes provisions, elles étaient absentes, mes déserteurs s'en étant sans doute servi pour faire bombance.

Le samedi, à sept heures du soir, j'arrive à Ivondrona où je passe la nuit. Le lendemain, de très bonne heure, je me remets en route pour gagner enfin Tamatave, où j'arrive dans la matinée.

Après quelques jours de repos dans cette ville, et après avoir visité plusieurs commerçants français qui, tous, m'ont donné de précieux renseignements, et principalement M. Henri Alibert qui, pendant mon séjour à Tamatave, s'est mis obligeamment à ma disposition; enfin, après avoir rendu visite à M. Lacoste, résident de France, je suis heureux de prendre le paquebot pour France, avec l'espoir de voir un jour le drapeau français flotter en maître sur cette terre africaine.

X

Arrivé à la fin de mon travail, il me reste un devoir à la fois agréable et difficile à remplir. Difficile, parce que je crains de rester au-dessous de ma tâche et de ne pas exprimer, comme il conviendrait, les sentiments de gratitude que j'éprouve pour tous ceux qui m'ont aidé dans l'accomplissement de ma mission. Agréable, parce que je rends volontiers un hommage mérité à de nombreux amis que m'ont créés les nécessités, quelquefois difficiles, toujours charmantes, de mon voyage.

Que tous ici reçoivent l'expression de mes remerciements pour les services qu'ils m'ont rendus, pour l'accueil bienveillant et fraternel qu'ils m'ont fait. J'adresse tout particulièrement le témoignage de ma plus exquise gratitude à M. Bompard, résident général de France à Tananarive, et à M. le résident Daumas, qui m'a rappelé souvent qu'il était mon compatriote par son obligeance affectueuse et ses bons conseils.

Mais entre tous, je dois une mention spéciale aux élèves-interprètes qui sont, depuis quelques années seulement, attachés à la Résidence générale. Ces six jeunes gens, qui ont été recrutés parmi les meilleurs élèves des Écoles supérieures du midi de la France, ont emporté avec eux cette franche gaîté, ce caractère ouvert à tous les bons sentiments et à toutes les expansions du cœur. Sans être l'apanage exclusif des populations méridionales, ces sentiments n'en constituent pas moins la caractéristique des hommes du Midi. J'ai oublié à leur contact que je me trouvais à des milliers de lieues de la mère-patrie, et j'ai passé en leur compagnie les meilleurs moments de mon voyage. Qu'il me soit permis de leur dire du fond de mon cœur que j'ai gardé d'eux le meilleur souvenir.

L'institution des élèves-interprètes qui ne date, comme je l'ai dit plus haut, que de quelques années, est l'œuvre de M. Le Myre de Vilers, l'éminent résident général qui a été appelé à Madagascar au lendemain de la pacification.

Cette création heureuse a déjà porté ses fruits. Le résident général a pu envoyer sur les différents points de l'île, plusieurs de ces élèves-interprètes qui, après avoir acquis à la capitale, pendant plusieurs années d'études fortes et appropriées aux services qu'ils doivent rendre, la connaissance et le maniement complet de la langue malgache et de ses dialectes si divers et si nombreux ; et avoir acquis en même temps les notions générales des mœurs, des coutumes et du caractère des diverses peuplades de l'île, rendent des services importants en remplaçant dans ces postes des fonctionnaires venus de la métropole.

Les chefs de service ont tout intérêt à avoir, pour la traduction de la langue malgache, un agent français intelligent, possédant une instruction solide et étendue, et pouvant remplacer les interprètes indigènes dont l'intelligence est lourde et l'instruction rudimentaire. On reconnaîtra plus tard l'avantage de ce recrutement, lorsque ces jeunes gens seront devenus eux-mêmes chefs de service.

En terminant, j'ai le devoir d'exprimer un vœu ; il est basé sur l'immense désir que j'ai de voir l'extension aussi complète que possible de l'influence française dans l'île Madécasse et, par conséquent, je n'ai en vue que l'intérêt, bien entendu, de la mère-patrie :

Lorsqu'une institution comme celle des élèves-interprètes français à Madagascar, a fait ses preuves ; lorsqu'on a pu la juger par ses résultats palpables et évidents, il est du devoir de nos gouvernants de la compléter et de la développer en proportion des services qu'elle est appelée à rendre. Personne ne le sait mieux que le Ministère des Affaires étrangères.

Sans le corps des élèves-interprètes, rien de sérieux, rien de complet, rien de vrai n'arriverait aux bureaux de l'Hôtel du quai d'Orsay ; et il faut vraiment qu'on attache bien peu d'importance à ce qui est la base de nos relations avec un peuple dont la langue est si difficile, si délicate comme traduction, pour ne pas avoir compris encore que le premier œuvre d'une colonisation est le développement de l'organisation qui doit unir deux peuples entre eux : celui qui est soumis au protectorat, et celui qui en exerce la puissance.

Aussi, faudrait-il que le nombre des élèves-interprètes fut au moins doublé, et que leur situation soit nettement définie par le Ministère des Affaires étrangères.

Trop heureux si j'ai pu, en me bornant à dire simplement ma pensée, rendre un hommage mérité aux élèves-interprètes et attirer sur eux l'attention bienveillante du Gouvernement.

*
* *

De l'ensemble de mes impressions de voyage il se dégage les conclusions suivantes :

Madagascar est un pays aussi riche, aussi fertile, aussi salubre que la plupart des pays où nos émigrants vont d'ordinaire chercher fortune.

Tous les ans, quinze mille Français s'expatrient à destination des Républiques américaines. Ces quinze mille Français ne trouveraient-ils pas dans la grande île malgache infiniment plus de facilités, pour vivre et s'enrichir, qu'au Brésil ou à la Plata ? Au lieu donc de leur laisser prendre le chemin du nouveau monde, où trop souvent ils ne recueillent que désillusions et misères, où, en tous cas, ils sont perdus sans retour pour la mère-patrie, nous devrions les diriger, au moins en partie, sur Madagascar, qui ne demande qu'à les recevoir. Non seulement ils y prospèreraient presque à coup sûr, mais en y faisant leurs propres affaires, ils feraient en même temps celles de la France. La présence d'un solide noyau de colons français à Tananarive et à Tamatave exercerait, en effet, une action décisive sur le développement de notre protectorat. C'est, sans contredit, l'événement qui pourrait le mieux servir notre influence. Aussi, devons-nous faire tous nos efforts pour le préparer.

Mais cette réflexion a besoin d'un tempérament. *Pour le moment*, il n'est guère permis de pousser nos compatriotes à se diriger de ce côté : la situation politique est telle, qu'en conscience on doit sinon les en détourner, du moins leur conseiller d'attendre ; ce serait les tromper que d'agir autrement.

Avant de les engager à se mettre en route pour Madagascar, nous avons un devoir à remplir vis-à-vis d'eux et un avertissement à donner à ceux qui ont le souci de nos colonies. C'est d'obtenir que le régime incertain et chancelant, qui, depuis dix années, se perpétue à Tananarive, fasse place enfin à un état de choses qui les garantisse contre tout mécompte. Tant que ce résultat ne sera point acquis, l'émigration des travailleurs français à Madagascar ne pourra être sérieusement recommandée.

J'ai exposé plus haut comment j'estime qu'il faudrait s'y prendre pour sortir de la position équivoque où nous nous sommes laissé acculer par les Malgaches. Afin de rendre ma pensée plus claire sur ce dernier point, je résumerai brièvement ici le programme que je voudrais voir adopter par M. le Ministre des Affaires étrangères, et en dehors duquel je n'aperçois point de remède aux difficultés présentes. Il tient en cinq propositions :

1° Renoncer à la politique de réserve dans laquelle notre Gouvernement s'est enfermé jusqu'ici, par crainte de complications imaginaires et sans doute aussi des criailleries de quelques ignorants ;

2° Prendre vis-à-vis des Hovas une attitude énergique ; leur faire comprendre que nous sommes résolus à exiger l'exécution intégrale du traité de 1885 ;

3° Augmenter le nombre de nos résidents et vice-résidents, ainsi que le corps d'élèves-interprètes créé par M. Le Myre de Vilers, afin d'accroître nos moyens d'influence dans le pays ;

4° Créer un journal officiel franco-hova, ayant pour mission de combattre vigoureusement la propagande hostile des Anglais et de réfuter les calomnies dont nous sommes tous les jours l'objet ;

5° Obtenir des ministres hovas qu'ils consentent à faire ouvrir une route praticable conduisant de Tamatave à Tananarive, et une autre de Tananarive à Majunga sur la côte Ouest, dans l'intérêt du commerce.

Je suis persuadé que l'application de ce programme améliorerait grandement la situation et hâterait l'avènement du régime que nous devons chercher à établir à Madagascar. Cela n'exigerait pas de grands efforts de diplomatie : Il suffirait d'avertir franchement les Hovas que nous sommes déterminés à en finir. Et il ne serait point nécessaire de les menacer pour cela ; il faudrait simplement leur faire entendre qu'ils n'ont rien à gagner en nous résistant, qu'au contraire à cette politique-là ils risquent de tout perdre, car leur obstination pourrait bien nous amener à prendre des résolutions extrêmes.

Au fond, le secret de cette politique n'est pas difficile à pénétrer : D'une part, les Hovas spéculent sur notre attitude expectante qu'ils prennent pour de la faiblesse ; d'autre part, ils se méfient de nos intentions. Eh ! bien, montrons-leur qu'ils se trompent quand ils nous croient faibles. C'est aisé : il n'y a qu'à modifier cette attitude et à changer de langage. Attachons-nous, en même temps, à dissiper les vaines inquiétudes et les défiances que des gens trop habiles ont su leur inspirer. Persuadons-leur que nous ne voulons ni les dépouiller, ni les opprimer, comme on le prétend, mais bien faire de leur pays, avec leur propre concours et avec nos moyens d'action, dans leur intérêt autant que dans le nôtre, un pays commerçant, industriel, civilisé, prospère, tel qu'avec ces éléments il est appelé à le devenir. Ils ont l'esprit ouvert, ils comprendront.

Ne serait-il pas utile aussi d'amener en France toutes les années, par la voie des navires de l'État, et les ramener ensuite, ceux des Malgaches qui, par leur situation politique et sociale, occupent une place prépondérante dans le commerce, l'industrie et la politique de leur pays ? On leur apprendrait ainsi, on leur ferait connaître ce qu'est la France, et quand ils auraient, de leur propres yeux, vu sa grandeur et sa prospérité, ils ne douteraient pas qu'en voulant devenir leur protecteur effectif, le Gouvernement français ne veuille, à l'instar de la France, assurer à leur pays cette prospérité et cette grandeur.

La preuve ne devient facile et la démonstration évidente, qu'en mettant sous les yeux des incrédules ou des méfiants l'exemple de ce qu'on a fait de la patrie-mère, pour qu'ils puissent juger de quelle façon on voudrait assurer le développement et l'avenir de leur propre pays.

Lorsque notre Gouvernement aura atteint ce premier but et fait ce premier sacrifice, il devra, au prix peut-être de sacrifices nouveaux, chercher à parvenir à d'autres résultats : Il faudra organiser d'une manière efficace le groupement et la défense de tous les intérêts français dans la région. Nous ne possédons pas, là-bas, que le seul protectorat de Madagascar : dans le voisinage immédiat de l'île, nous avons aussi des colonies, Mayotte, Nossi-Bé, les Comores, Diego-Suarez, Sainte-Marie, pays qui ont, entre eux et la grande terre, d'étroites affinités. Géographiquement, ces colonies ne sont que des dépendances de Madagascar. Politiquement, elles gravitent dans sa sphère d'influence. Commercialement, elles ont les mêmes aspirations, les mêmes besoins. Or, à l'heure présente, aucun lien ne les rattache les unes aux autres, rien ne les unit à Madagascar. Elles ont à leur tête des Administrations distinctes ; et non seulement, ces Administrations distinctes n'entretiennent point de rapports officiels avec les autorités françaises de Tananarive, mais elles relèvent dans la métropole d'un autre Ministère que celles-ci.

On devine combien cette organisation défectueuse est préjudiciable au succès de nos entreprises coloniales dans la mer des Indes. Le résident général de Madagascar ignore ce qui se passe à Mayotte ; le gouverneur de Mayotte ce qui se passe à Madagascar, et ainsi de suite : chacun de nos agents est renfermé dans un cercle étroit d'attributions dont il lui est interdit de sortir. Aussi les affaires marchent-elles à l'aventure : de direction commune, point ! de vues d'ensemble, pas davantage ! Le résultat est que nous sommes faibles partout, faute d'unité et de concentration. Le protectorat de Madagascar n'est qu'un décor, et nos petites possessions du voisinage, isolées, abandonnées à elles-mêmes, végètent dans une triste insignifiance.

Une solution s'impose ; c'est celle qu'indique la nature des choses : il faut renoncer à ce morcellement ridicule de l'autorité et confier à un seul homme, muni de pouvoirs suffisants, la gestion de tous nos intérêts dans ces parages. C'est l'unique moyen de tirer parti du magnifique domaine colonial que nous y possédons. Tel devra être le premier soin du Gouvernement aussitôt que la situation sera plus nette à Tananarive.

Quant au nouveau régime qu'il conviendra d'organiser, voici, à mon sens, quels devraient en être les traits essentiels :

Le protectorat de Madagascar et les colonies

avoisinantes formeraient un groupe administratif, analogue à celui que forment, depuis 1887, les colonies et protectorats de l'Indo-Chine. Le résident de France à Tananarive deviendrait gouverneur général de ce groupe, tout en continuant d'exercer auprès du Gouvernement hova les fonctions diplomatiques dont il est actuellement investi. A la tête de chaque colonie, serait placé un fonctionnaire, un lieutenant-gouverneur par exemple, subordonné au gouverneur général, lui rendant compte de ses actes et recevant de lui ses instructions. Cela n'empêcherait point les colonies de rester autonomes dans la mesure où les nécessités locales peuvent l'exiger; mais au moins leurs affaires seraient gérées avec l'unité de vues, l'esprit de suite, la méthode nécessaire qui ont malheureusement fait défaut jusqu'ici.

Cette combinaison rehausserait singulièrement le prestige de notre résident général auprès des Hovas. Elle lui permettrait, en outre, de faire converger vers un but commun les efforts de tous les représentants de la France placés dans sa sphère d'action. Elle assurerait, en un mot, le développement parallèle de nos diverses entreprises, tant à Madagascar que dans tous les territoires soumis à notre protectorat.

Tel est le résultat d'une mission que j'ai eu le bonheur d'accomplir sous les auspices de la Société des Études coloniales et maritimes. Trop heureux si je puis, par mes faibles efforts et ma toute modeste bonne volonté, contribuer à assurer le développement et l'extension d'une bonne politique coloniale à Madagascar.

J'aurai ainsi rempli la tâche que je m'étais imposée et montré que je n'étais pas trop indigne d'une Société qui compte dans son sein les plus éminents explorateurs et les plus vaillants défenseurs de notre grandeur coloniale.

APPENDICE

Traité passé entre la France et le Gouvernement Malgache

Article premier. — Le Gouvernement de la République représentera Madagascar dans toutes ses relations extérieures. Les Malgaches, à l'étranger, seront placés sous la protection de la France.

Art. 2. — Un résident, représentant le Gouvernement de la République, présidera aux relations extérieures de Madagascar, sans s'immiscer dans l'administration intérieure des États de S. M. la Reine.

Art. 3. — Il résidera à Tananarive avec une escorte militaire. Le résident aura droit d'audience privée et personnelle auprès de S. M. la Reine.

Art. 4. — Les autorités dépendant de la Reine n'interviendront pas dans les contestations entre Français ou Français et étrangers. Les litiges entre Français et Malgaches seront jugés par le résident, assisté d'un juge malgache.

Art. 5. — Les Français seront régis par la loi française pour la répression de tous les crimes et délits commis par eux à Madagascar.

Art. 6. — Les citoyens français pourront résider, circuler et faire le commerce librement dans toute l'étendue des États de la Reine.

Ils auront la faculté de louer pour une durée indéterminée par bail emphytéotique, renouvelable au seul gré des parties, les terres, maisons, magasins et toute propriété immobilière. Ils pourront choisir librement et prendre à leur service, à quelque titre que ce soit, tout Malgache libre de tout engagement antérieur. Les baux et contrats d'engagement de travailleurs seront passés par acte authentique devant le résident français et les magistrats du pays, et leur stricte exécution garantie par le Gouvernement.

Dans le cas où un Français, devenu locataire d'une propriété immobilière, viendrait à mourir, ses héritiers entreraient en jouissance du bail conclu par lui pour le temps qui resterait à courir, avec faculté de renouvellement. Les Français ne seront soumis qu'aux taxes foncières acquittées par les Malgaches.

Nul ne pourra pénétrer dans les propriétés, établissements et maisons occupées par les Français ou par les personnes au service des Français, que sur leur consentement et avec l'agrément du résident.

Art. 7. — S. M. la Reine de Madagascar confirme expressément les garanties stipulées par le traité du 7 août 1868, en faveur de la liberté de conscience et de la tolérance religieuse.

Art. 8. — Le Gouvernement de la Reine s'engage à payer la somme de dix millions de francs, applicable tant au règlement des réclamations françaises liquidées antérieurement au conflit survenu entre les deux parties, qu'à la réparation de tous les dommages causés aux particuliers étrangers par le fait de ce conflit. L'examen et le règlement de ces indemnités est dévolu au Gouvernement français.

Art. 9. — Jusqu'à parfait payement de ladite somme de dix millions de francs, Tamatave sera occupé par les troupes françaises.

Art. 10. — Aucune réclamation ne sera admise au sujet des mesures qui ont dû être prises jusqu'à ce jour par les autorités militaires françaises.

Art. 11. — Le Gouvernement de la République s'engage à prêter assistance à la Reine de Madagascar pour la défense de ses États.

Art. 12. — S. M. la Reine de Madagascar continuera, comme par le passé, de présider à l'administration intérieure de toute l'île.

Art. 13. — En considération des engagements pris par S. M. la Reine, le Gouvernement consent à se désister de toute répétition à titre d'indemnité de guerre.

Art. 14. — Le Gouvernement de la République, afin de seconder la marche du Gouvernement et du peuple malgache dans la voie de la civilisation et du progrès, s'engage à mettre à la disposition de la Reine les instructeurs militaires, ingénieurs, professeurs et chefs d'atelier qui lui seront demandés.

Art. 15. — Le Gouvernement de la Reine s'engage expressément à traiter avec bienveillance les Sakalaves et les Antankares, et à tenir compte des indications qui lui seront fournies, à cet égard, par le Gouvernement de la République.

Toutefois, le Gouvernement de la République se réserve le droit d'occuper la baie de Diego-Suarez et d'y faire des installations à sa convenance.

Art. 16. — Le Président de la République et S. M. la Reine de Madagascar accordent une amnistie pleine et entière, avec levée de tous les sequestres mis sur leurs biens, à ceux de leurs sujets respectifs qui, jusqu'à la conclusion du traité et auparavant, se sont compromis pour le service de l'autre partie contractante.

Art. 17. — Les traités et conventions existant actuellement entre le Gouvernement de la République et celui de S. M. la Reine de Madagascar sont expressément confirmés dans celles de leurs dispositions qui ne sont point contraires aux présentes stipulations.

Art. 18. — Le présent traité ayant été rédigé en français et en malgache, et les deux versions ayant exactement le même sens, le texte français sera officiel et fera foi, sous tous les rapports, aussi bien que le texte malgache.

Art. 19. — Le présent traité sera ratifié dans le délai de trois mois, ou plus tôt, si faire se pourra.

Fait en double expédition, à bord de la *Naïade*, en rade de Tamatave, le 17 décembre 1885.

Signé : S. Patrimonio, E. Miot, Digby Willougby.

Lettre annexe au Traité

A bord de la *Naïade*, le 9 janvier 1886.

Monsieur le Plénipotentiaire,

Son Excellence le premier ministre vous a chargé de préciser le sens du paragraphe Ier de l'article 2 du traité, à savoir : « Un résident représentant le Gouvernement de la République présidera aux relations extérieures. » Cela veut dire que le résident aura le droit de s'ingérer dans les affaires ayant un caractère de politique extérieure ; qu'il aura le droit de s'opposer, par exemple, à toute cession de territoire à une nation étrangère quelconque, à tout établissement militaire et naval ; à ce qu'un secours quelconque en hommes ou en bâtiments, sollicité du Gouvernement de la Reine de Madagascar à une nation étrangère ne puisse être accordé sans le consentement du Gouvernement français. Aucun traité, accord ou convention ne pourra être fait sans l'approbation du Gouvernement français.

Par l'article 3 du traité, il est stipulé « qu'il (le résident) résidera à Tananarive avec une escorte militaire ».

Le premier ministre désire savoir ce que nous entendons par « escorte militaire ». Nous consentons à lui déclarer que, qui dit escorte ne dit pas corps d'armée; et, pour mieux préciser, nous prenons l'engagement que cette escorte ne dépassera pas cinquante cavaliers ou fantassins. Cette escorte n'entrera pas dans l'intérieur du palais royal.

A l'article 6, l'expression « bail emphytéotique » signifie un bail spécial d'une durée de quatre-vingt-dix-neuf ans et renouvelable au gré des parties.

Dans le paragraphe 3 du même article, en stipulant que « les Français pourront choisir librement et prendre à leur service, à quel titre que ce soit, tout Malgache libre de tout engagement », nous avons nécessairement entendu exclure les soldats et les esclaves, puisque les soldats et les esclaves ont, plus que tout autre, engagé leur personne.

Nous pensons que le Gouvernement de S. M. la Reine n'a pas à se plaindre de cette omission. Elle a eu lieu dans un sentiment de bienveillance pour lui, car nous avons jugé préférable de ne pas faire figurer ces expressions dans le texte d'un traité de cette importance.

De même, la clause en vertu de laquelle le Gouvernement de la Reine de Madagascar s'engage à payer la somme de dix millions de francs, applicable tant au règlement des réclamations françaises liquidées antérieurement au conflit survenu entre les deux parties, qu'à la réparation de tous les dommages causés aux particuliers étrangers par le fait de ce conflit, nous avons entendu les dommages causés avant et pendant la guerre jusqu'au jour de la signature du traité de paix.

Le Gouvernement de la République ne prêtera évidemment son assistance à la Reine de Madagascar pour la défense de ses États que si cette assistance est sollicitée par S. M. la Reine.

Quant au sens de l'article 15, il nous semble assez net et assez précis pour qu'il soit encore nécessaire de le commenter. Les avantages qu'il stipule en faveur du Gouvernement de S. M. la Reine sont évidents, ce qui sera facile à démontrer au premier ministre lorsque nous serons à Tananarive.

En ce qui concerne le territoire nécessaire aux installations que le Gouvernement de la République fera, à sa convenance, dans la baie de Diego-Suarez, nous croyons pouvoir vous assurer qu'il ne dépassera pas un mille et demi dans tout le nord de la baie, ainsi que dans le contour de l'est à l'ouest, et quatre milles autour du contour nord de la baie, à partir du point de ladite baie le plus au nord.

Il est superflu d'ajouter qu'à Diego-Suarez les autorités françaises ne donneront pas asile aux sujets malgaches en rupture de ban ou qui ne pourront exhiber un passeport des autorités malgaches.

Enfin, dans l'exécution de l'amnistie générale, pleine et entière, avec levée de tous les sequestres mis sur les biens des sujets respectifs des deux parties contractantes, le Gouvernement de S. M. la Reine s'inspirera des sentiments de loyauté et de justice que nous sommes en droit d'attendre de l'expérience et de l'esprit éclairé de Son Excellence le premier ministre.

Recevez, Monsieur le Plénipotentiaire, l'assurance de notre haute considération.

Le Ministre Plénipotentiaire,
Signé : S. Patrimonio.

Le Contre-Amiral, commandant en chef,
Signé : E. Miot.

P.-S. — Vous nous avez demandé si le Gouvernement de la Reine pourrait, comme par le passé, continuer à négocier des traités de commerce avec les Puissances étrangères :

Sans doute, autant que ces traités de commerce ne seront pas contraires aux stipulations du traité du 17 décembre 1885.

Le Ministre Plénipotentiaire,
Signé : S. Patrimonio.

Le Contre-Amiral, commandant en chef,
Signé : E. Miot.

Approbation du Protectorat français par l'Angleterre

Le Gouvernement de S. M. britannique reconnaît le Protectorat français et ses conséquences sur l'île de Madagascar, spécialement en ce qui concerne les exequatur des consuls et agents britanniques, qui devront être demandés par l'intermédiaire du résident général français.

Les missionnaires des deux nations jouiront dans l'île de Madagascar d'une protection complète. La tolérance religieuse, la liberté de tous les cultes et l'enseignement religieux seront assurés.

Il est bien entendu que l'établissement de ce Protectorat ne pourra diminuer les droits et les immunités dont les sujets britanniques jouissent actuellement dans cette île.

TOULON. — IMPRIMERIE A. ISNARD ET Cie
BOULEVARD DE STRASBOURG, 56

TOULON, IMPRIMERIE A. ISNARD ET Cie

www.ingramcontent.com/pod-product-compliance
Ingram Content Group UK Ltd.
Pitfield, Milton Keynes, MK11 3LW, UK
UKHW020205250726
13967UKWH00003B/1282

9 782012 867918